中华儒家文化

经·典·导·读

白云真 著

时事出版社
北京

图书在版编目（CIP）数据

中华儒家文化经典导读/白云真著．—北京：时事出版社，2021.1

ISBN 978-7-5195-0410-6

Ⅰ.①中…　Ⅱ.①白…　Ⅲ.①儒家—传统文化—研究　Ⅳ.①B222.05

中国版本图书馆 CIP 数据核字（2020）第 261085 号

出 版 发 行：时事出版社
地　　　址：北京市海淀区万寿寺甲 2 号
邮　　　编：100081
发 行 热 线：（010）88547590　88547591
读者服务部：（010）88547595
传　　　真：（010）88547592
电 子 邮 箱：shishichubanshe@sina.com
网　　　址：www.shishishe.com
印　　　刷：北京良义印刷科技有限公司

开本：787×1092　1/16　印张：12.25　字数：180 千字
2021 年 1 月第 1 版　2021 年 1 月第 1 次印刷
定价：70.00 元

中央财经大学“双一流”学科建设文化传承
创新资助项目

总　序

文化中国

德国哲学家卡尔·雅斯贝斯认为，在公元前五百年前后的“轴心时代”，古希腊、中国、印度和以色列几乎同时出现了伟大的思想家。古希腊的苏格拉底与柏拉图、中国的老子与孔子、印度的释迦牟尼和以色列的犹太教先知都对人类关切的问题提出独到的看法。由此形成的不同文化传统，在数千年的演变进程中已经成为人类文化的精神财富。据此21世纪一个文化上新的“轴心时代”即将出现。“在这个新的轴心时代，中国文化必须充分发扬其内在的精神活力，排除其过时的和错误的部分，大力吸收西方和其他民族的优秀文化，并对传统文化进行现代诠释，使之适应现代人类生活的需求，‘日日新，又日新’，这样中国文化不仅会得以复兴，而且还将会对人类社会作出重大贡献。”①

在新的“轴心时代”，以中华文化为中心的东亚文化圈将会成为主要影响世界文化发展的动力之一。汤一介先生谈及“新轴心时代”下的文化超越时指出，在21世纪如果要实现“和平共处”，就要解决好人与人之间的关系或更为广泛的民族之间、国家之间、区域之间的关系，那么儒家的“仁学”思想和道家的“无为”思想大概可以为此提

---

① 汤一介：《瞩望新轴心时代：在新世纪的哲学思考》，中央编译出版社，2014年版，第32页。

供某些有价值的资源。人类社会要共同可持续发展，不仅要解决好人与人之间的关系，还要解决好人与自然之间的关系，那么儒家的“天人合一”和道家的“崇尚自然”也许能为此提供值得创造性转化的思想。儒家“圣学，道器一贯，大本大用其备，诚哉万世永赖，无可弃也！”① 儒家文化最大的特点之一就是并不妄自尊大，反而是自谦，因而我们需要正视中华文化的不足。对此，牟宗三指出，“西方人在了解现象方面行，在本体方面很不行。但了解现象很重要呀！现代中国人既不了解现象，也没有本体的体悟，所以我们现在努力就是要恢复中国的传统智慧，同时恢复西方的正式传统，这样中华民族的生命才能畅通。要不然民族生命永不能畅通，还要受罪。”② 中华文化必须承继道学本体，吸纳西方万物现象之精深，从而既保持中华文化的主体性，又维系中外文化融合的贯通性。

一、文化自觉

1997 年费孝通先生在北京大学举办的第二届社会学人类学高级研讨班上做闭幕发言时正式提出“文化自觉”，③ 以求真正懂得中华文化的特点，并能与西方文化做比较，以完成“文化自觉”的使命。“文化自觉只是指生活在一定文化中的人对其文化有‘自知之明’，明白它的来历、形成过程、所具有的特色和它发展的趋向，不带任何‘文化回归’的意思，不是要复旧，同时也不主张‘全盘西化’或坚守‘传统’。”④ 一个没有坚守和创新文化传统的国家是没有希望的，因而一个国家不仅必须要传承自己的文化传统，而且只有自觉推进文化创新

① 熊十力：《序》，《原儒》，上海古籍出版社、上海书店出版社，2019 年版，第 2 页。

② 牟宗三：《周易哲学演讲录》，华东师范大学出版社，2004 年版，第 32 页。

③ 费孝通：《全球化与文化自觉》，外语教学与研究出版社，2013 年版，第 46 页。

④ 费孝通：《全球化与文化自觉》，外语教学与研究出版社，2013 年版，第 56 页。

的国家才有未来和希望。守正创新中国传统的文化精神，不但要确立中国人的文化自觉和信心，也要有中国人自己的活法、做法、说法，免于西方物质文明的禁锢。1922 年到中国的英国哲学家伯兰特·罗素在论及中国前途时强调，“中国必须自救，而不能依靠外人。”“中国的问题不仅是政治独立的问题，文化独立在某种程度上也同样重要。”① 文化独立和自觉事关中国民众的天命，也是中华民族伟大复兴的时代要求。

文化自觉就要以文化自省的态度认识与传承中华优秀传统文化和学问。毓老②言称，“民国以前，中国学术没有本来面目，完全是帝王思想。孙中山推翻了专制政体，成事了，后人借了光。熊十力对传统学术提出否定，是几千年来的一大解放，跑第一棒，费尽终生精力，晚年却来不及写了。应该有人接着走。”③ 那么中华文化自然以中国的思维逻辑为本、为体，究万物之同源，探人事之同道，明体达用，见微知著，而不掺杂外国文化，但并不影响以外国文化作为比照，“必还中国文化的本来面目。……好好提高自己思想的品格，21 世纪是‘文化’中国的世纪。物资不可恃，‘文化’中国乃‘奉元大同’的中国”。④

历史学家许倬云既挚爱中华文化，又直面文化危机，为中华文化没有血肉、灵魂而只剩皮毛痛心疾首。“面对今天瞬息万变的时代，国家制度要改变，社会结构要改变，改变成什么样子，不知道。最要紧的是，将来几十亿人共同拥有这一个地球，怎么活在一块，怎么相容，怎么再造一个互让、共存的人类社会？小到农村，大到全球，小到人

---

① ［英］罗素著，秦悦译：《中国问题》，学林出版社，1996 年版，第 190、191 页。

② 爱新觉罗·毓鋆，号安仁居士，又号明不息翁、奉元山人、奉元老人，清代礼亲王代善裔孙，被敬称为“毓老”而不名。毓老自幼受宫廷教育，末代皇帝溥仪伴读，师从陈师曾、陈宝琛、罗振玉、叶玉麟、王国维、康有为、梁启超等国学大家，私淑熊十力，习经史子集之学。1947 年被蒋介石监管至台湾，在台湾宣扬中华文化六十余年，本《易经》以为体，而据《春秋》公羊学以为用，及门弟子有上万人之多，倡经世致用之学并注重对时势之分析，为中华文化注入真实的生命和生机。

③ 爱新觉罗·毓鋆：《毓老师说易经》（卷一），天地出版社，2018 年版，第 1 页。

④ 爱新觉罗·毓鋆：《毓老师说易经》（卷一），天地出版社，2018 年版，第 13 页。

员之间的争执，大到国与国之间的战争，用什么价值标准来判断？……大家应当寻找共同生活的一套价值观念：什么是对，什么是错，什么是好，什么是坏，什么是丑，什么是美。这是最叫人担心的事情。中国在这个时候，应当从传统里挖出一些东西填补这个缺陷。但是今天讲儒学的人，只抓其皮毛，不抓其精神。许多学究以繁琐来文饰浅薄，以表面的口号文饰没有内涵。”① 许倬云先生希望重建以人为本的新价值观，以此推己及人，构建一个美好、善良、正直、公平的社会。

文化之义既有道之体，又有术之用。在梁漱溟看来，“文化就是吾人生活所依靠之一切，意在指示人们，文化是极其实在的东西。文化之本义，应在经济、政治，乃至一切无所不包”。② 中国要以文化为本、为体，以政治经济等为用，在自身文化思想济弱扶贫、天下为公的观念中产生新的政治经济思想，用以指导中国政治经济行稳致远，开创中华民族伟大复兴的新境界。对此，南怀瑾言称：“中国文化只有八个字，‘贵贱无常，时使物然’，如果写成经济学、金融学、货币学，起码二十万字的书了。”③ 南怀瑾在1969年《致答日本朋友的一封公开信》中谈及未来的日本经济趋势时指出，“我们必须知道，世界上有两种工具，对人类的生存具有正反两面的作用：一是武力与武器，一是金钱与财富。防护国家的安全，必须有精良的战备；稳固国家的基础，必须有充沛的财政与健全的经济。然而战备强的国家，如果没有高度文化的政治哲学，往往会使得一个国家民族生起唯我独尊的侵略野心。同样，一个经济发展到实力充沛的国家，如果没有远大的经济哲学的思想，往往会踌躇满志，挟富而骄，而欺凌弱小。”④ 厚生惟和、允执其中的中国政治经济哲学观既有助于中国经济健康发展而成

---

① 许倬云口述，李怀宇撰写：《许倬云谈话录》，广西师范大学出版社，2010年版，第129—130页。

② 梁漱溟：《中国文化要义》，上海人民出版社，2005年版，第6页。

③ 南怀瑾：《漫谈中国文化》，东方出版社，2008年版，第15页。

④ 南怀瑾：《中国文化泛言》，复旦大学出版社，2016年版，第262页。

为经济大国，也将使中国戒傲戒骄戒躁而成为仁智大国，[①] 从而少些戾气而多些平和，少些物欲而多些道义。“一个民族要走向世界，首先给世界贡献的不是国内生产总值（GDP），而是世界观。如果一个民族没有比以前引领世界的民族更先进的世界观，这个民族就无法走向世界，更不能引领世界。”[②] 中国人的世界观、宇宙观以阴阳之道为本，以万事万物为末，注重以事件为中心的辩证法，循阴阳天道而格物正心，据仁义人道而致知成物。

中国身为文化大国，不仅要解决自身难题，亦要为人类谋幸福，平天下。20 世纪杰出的历史学家汤因比在 20 世纪 20 年代末曾到过中国并著有《中国之旅》一书。在其看来，“西欧的活力会导致分裂，而不能促成稳定和统一”，那么“要使西欧业已动摇的人民生活重新稳定下来，要把西欧的力动性缓和到既对人类没有破坏性又可以提供活力的源泉的程度，那就只能到西欧以外去寻找这种动力的创造者，不能不认为这种动力的创造者将在中国出现”。[③] 如南怀瑾所言，无论西方没落与否，有必要的是，“我们更应该为人类文化开创新的局面，肩负起拯救世界人类危机的责任；要发扬东方人文文化与固有的人生哲学，来补救因自然科学促进物质文明的发展，所造成的工商业社会之弊病”。[④]

中华文化所体现的中和之道或辩证法的思维模式，即如宋儒程颐所言：“安有知人道而不知天道乎？道，一也。岂人道自是一道，天道自是一道？”天人并非截然对立或彼此外在的一分为二，实则一也。明朝医学家张景岳言称：“天下之万声，出于一阖一辟；天下之万数，出于一偶一奇；天下之万理，出于一动一静；天下之万象，出于一方一圆。方圆也，动静也，奇偶也，阖辟也，总不出于一与二也。”战略学

---

① 王逸舟：《仁智大国》，北京大学出版社，2018 年版。

② 张文木：《世界观决定国际治理观》，http：//bjrb. bjd. com. cn/html/2020 - 02/24/content_ 12448071. htm。

③ ［日］山本新等编，杨栋梁等译：《未来属于中国：汤因比的中国观》，陕西人民出版社，1989 年版，第 14 页。

④ 南怀瑾：《中国文化泛言》，复旦大学出版社，2016 年版，第 258 页。

者张文木断言，中国人不喜“二”，“二”数的内容中国人多用“双”“俩”来表达，其感情倾向也是强调事物的统一性。《荀子·议兵篇》中说：“权出一者强，权出二者弱。”① 然而西方人喜欢康德的“二律背反”，结果欧洲版图被弄得支离破碎。② 对此，伯兰特·罗素在其《西方哲学史》中说：“笛卡尔的哲学……它完成了或者说几近完成了由柏拉图开端而主要宗教上的理由经基督教哲学发展起来的精神、物质二元论……笛卡尔体系提出来精神界和物质界两个平等而彼此独立的世界，研究其中之一能够不牵涉另一个。”③

文化自觉的关键在于以中和之道统化成天下。“中国道统，是人道与形而上的天道合一，叫作天人合一，是入世与出世的合一，政教的合一，不能分开。出世是内圣之道，入世是外用，能正心、诚意、修身、齐家、治国、平天下，有具体的事功贡献于社会人类，这就是圣人之用。”④ 如若以中和之道修身、齐家、治国、平天下，皆需阴阳相济，奉时合正。据大战略研究家约翰·刘易斯·加迪斯所言，弗朗西斯·斯科特·菲茨杰拉德 1936 年时指出，一流的智者“能够同时在脑海中持有两种相反的想法，并且仍然保持行动力”⑤。天有阴晴，月有圆缺。人有身心、富贫、贵贱、荣辱、得失、德业、文武、理欲、好恶、狂狷（“不得中行而与之，必也狂狷乎，狂者进取，狷者有所不为也”《论语·子路》）、文质（“质胜文野，文胜质则史；文质彬彬，然后君子”《论语·雍也》）、刚柔、义利、形上形下、道器、道统政统、仕隐、顺逆、内外、生死。家有夫妻、父子、德财、饥饱、旺败。国有君臣、教杀、礼法、宽猛、公私、德力、兴衰，天下有王道霸道。

---

① 楼宇烈：《荀子新注》，中华书局，2018 年版，第 283 页。

② 张文木：《世界观决定国际治理观》，http://bjrb.bjd.com.cn/html/2020-02/24/content_12448071.htm。

③ 罗素：《西方哲学史》（下册），商务印书馆，1988 年版，第 91 页。

④ 南怀瑾：《孟子与尽心篇》，东方出版社，2014 年版，第 6 页。

⑤ ［美］约翰·刘易斯·加迪斯著，臧博等译：《论大战略》，中信出版社，2019 年版，第 15 页。

若方以智[1]所言，“吾尝言天地间之至理，凡相因者皆极相反。……所谓相反相因者，相捄（jū）相胜而相成也。昼夜、水火、生死、男女、生克、刚柔、清浊、明暗、虚实、有无、形气、道器、真妄、顺逆、安危、劳逸、剥复、震艮、损益、博约之类，无非二端，参即是两，举一明三，用中一贯。千万尽于奇偶，而对待圆于流行。夫对待者，即相反者也。”[2]

二、文化之法

文化之法在于读书，读经读史、读人读事以培心筑根、存养己智，去恶从善，不为物欲所役。“学无止境，我们之所以不能，乃因嗜欲多。今人因欲多，智慧当然低。”[3] 读书以改习性，养气质，复本性，皆因“性相近，习相远”。“不读书，才笑话百出。有些人就胡扯。因心无所主，胸无半点墨，所以顺嘴胡扯。必要自己读书，老师不能点石成金。人必得有好奇心，买了书，就应翻一翻。……读书的目的，在造成心有所主，致知在格物，博学能笃志。”[4] 因而，读书在于自我培养，使己身安命立，达仁智勇三德，日用人伦。

（一）读经

读经希期圣人渡己，必弃教条主义，非援经典以自重，反而要彰自己独立见解，才能大通无碍。“儒家的义理是通过对儒家的经典几百年的讲习，天天讲出来的。读文献要一字一句，社会上的误解都可以

---

① 方以智，字密之，今安徽桐城人，明代著名思想家、哲学家、科学家，明末四公子之一，因家学渊源，博采众长，主张中西合璧，儒释道三教归一，一生著述400余万言。方以智墓冢的石刻对联为“博学清操重百世，名山胜水共千秋”。

② 方以智著，庞朴注释：《东西均注释》，人民出版社，2016年版，第133、134页。

③ 爱新觉罗·毓鋆：《毓老师说易经》（卷一），天地出版社，2018年版，第7页。

④ 爱新觉罗·毓鋆：《毓老师说易经》（卷一），天地出版社，2018年版，第25页。

挡住。”[1] 1942 年朱自清在西南联合大学时指出：“在中等以上的教育里，经典训练应该是一个必要的项目。经典训练的价值不在实用，而在文化。”[2] 固然经典阅读必有守正创新文化之要义，然并非无安身立命、宪章文武之实用，或更并不限于实用，而实乃大用。熊十力[3]曰“经为常道不可不读”，谈及读书时强调，“凡读书，不可求快……尤须沉潜往复，从容含玩，否则必难悟入。”“每读一次，于所未详，必谨缺疑，而无放失。缺疑者，其疑问常在心头，故乃触处求解。”经要反复读，常读常新。钱穆以自己读论语、劝人读论语为读书人的两大责任，认为“自二十岁起到六十岁，应可读论语四十遍”。或分散读或跳着读，总归“明得一字是一字，明得一句是一句，明得一章是一章”。[4]

仲尼祖述尧舜，宪章文武，莫妙于《易经》《春秋》二经，然《易经》为五经之源，“人天大典，镇国之宝”。[5] 孔子曰：“加我数年，五十以学《易》，可以无大过矣。”（《论语·述而篇》）[6]《易经》《春秋》二经通，而余《诗》《书》《礼》《乐》四经皆可通。再者秦汉以来儒者皆失经学之真，微言大义仅存于《易经》《春秋》之中。即使后世宋明儒者、新儒学往往泛滥于佛老，而后返求于六经。“六经究万有之原，而言天道。天道真常，在人为性，在物为命。”“经为常道，庶几无疑。夫常道者，万变所自出也。”[7] 善读者穷理求智；默识者反己自识。王阳明所言的诗句“无声无臭独知时”可谓明了自识之境界。中华文化及其学问虽当求于秦汉之前，然秦汉以降张载、王阳明、王夫之、熊十力等诸子亦几近儒家文化之真，因而其著述当可为阅读之列。

---

① 牟宗三：《周易哲学演讲录》，华东师范大学出版社，2004 年版，第 54 页。

② 朱自清：《经典常谈》，云南人民出版社，2014 年版，第 1 页。

③ 熊十力原名继智，新儒家开山祖师、国学大师，自起十力为号（十力本是佛家术语，赞扬佛祖释迦牟尼有超群的智慧、广大的神通、无边的力量），在其著作上署名“黄岗熊十力造”，据传曾自称“熊十力菩萨”。与其三弟子（牟宗三、唐君毅、徐复观）和张君劢、梁漱溟、冯友兰、方东美被称为新儒学八大家。

④ 熊十力：《读经示要》，上海书店出版社，2009 年版，第 3—106 页。

⑤ 熊十力：《原儒》，上海古籍出版社、上海书店出版社，2019 年版，第 22 页。

⑥ 杨伯峻：《论语译注》，中华书局，2017 年版，第 101 页。

⑦ 熊十力：《读经示要》，上海书店出版社，2009 年版，第 1 页。

读经要融会贯通，以经解经，将经读“活”。“所谓读‘活’，就是把书本知识转化为认识，把认识转化为智慧，把智慧转化为能力，把能力转化为实践，进而在实践中有所创造。从掌握知识到实践创造，体现了从主观到客观、从认识世界到改造世界的实现逻辑。贯通不了这根逻辑链条，很可能就是教条主义。因为书本知识不可能帮人们一一辨析在实践活动中面临的复杂判断和困难选择。同一部兵书，马谡的用法是背本本，诸葛亮的用法就不是……可见，读书效果的好坏，关键在于读法和用法，在于是不是拥有从书本到实践、从主观到客观，进出自如和出神入化的本事。”① “所有的经典不过是对‘我心’的记载，是个人的心路历程。因此对它不能当作教条来顶礼膜拜，而是取其宜者用之。”② 为此，学人当以陆九渊提及的“六经注我”之精神充实自我，实求力行，自我蜕变、自我突破，治人、治事、治国、治生。

善用心者，必触类旁通而不限于儒家经典，定会通《黄帝内经》《道德经》《六祖坛经》等，常读常新，百读不厌。北京中医药大学国学院院长张其成教授倡导，少年读《论语》，修身成人以立业；中年读《道德经》，放下虚妄以逍遥；老年读《六祖坛经》，明心见性以知往；至于《易经》和《黄帝内经》，一则以知命，一则以养生，必须终其身而敬颂之。

（二）读史

习近平总书记曾指出，“今天世界遇到的很多事情可以在历史上找到影子，历史上发生的很多事情也可以作为今天的镜鉴。重视历史、研究历史、借鉴历史，可以给人类带来很多了解昨天、把握今天、开创明天的智慧。”③ 在南怀瑾看来，“欲读古书、谈修养，必须经史合

---

① 陈晋：《学用之道——毛泽东书山路上的风景》，《毛泽东读书笔记精讲》（战略卷），广西人民出版社，2017 年版，第 1 页。

② 吕峥：《明朝一哥王阳明》，万卷出版公司，2010 年版，第 95 页。

③ 《习近平致第二十二届国际历史科学大会的贺信》，人民网，2015 年 8 月 24 日，http：//politics. people. com. cn/n/2015/0824/c1024－27504166. html。

参，四书五经之外还要读史书。如果只读经不读史，就会迂阔得不能再迂；倘使只读史而不读经，那就根本读不懂历史。”① 清代史学家、文学家章学诚认为，六经皆史。王阳明先生言称曰：“以事言谓之史，以道言谓之经。事即道，道即事。”② 经史一也，而非异也。“中国人对历史清楚，故智慧高。……人活着，要有智慧，练习智慧，遇事总要想，自前后左右想。”③ 正所谓读史以究天人之际，通古今之变，即探寻天道与人心之殊同，通晓古往今来天人之变的得失，以正己心，济万物，至少无忝所生。“看到什么事情，社会呀，政治呀，各方面很不满意，我们感到很不平的时候，赶快读读书。读读《易经》呀！四书五经呀！心气就和平起来了。柔日读史，当心情很无聊，很沉闷，很想睡觉的时候，就可以看看历史，启发我们奋斗的勇气。所以说‘刚日读经，柔日读史’。”④

此可谓以史为鉴，知著往来，自通力行。“‘鉴’者，能别人之所妍媸者，而整衣冠，尊瞻视者，可就正焉。顾衣冠之整，瞻视之尊，鉴岂能为功于我哉！故论鉴者，于其得也，而必推其所以得；于其失也，而必推其所以失也。……虽扼穷独处，而可以自淑，可以诲人，可以知道而乐，故曰‘通’也。”⑤ 故鉴者自明，通者自广。读史者会将历史文化精神融会到自己的血液中，内化成自己思考与解决事务的经验性底色，以治身治世。“尤其‘知道自己’这一点，才是‘以史为鉴’的真义。作为个人，没有人在患难忘症之后，还能清楚理性地处理日常事务。作为整体的人群，却往往以为活在今天，何必知道过去。历史的知识，即是治疗集体健忘症的药方。”⑥

---

① 南怀瑾：《孟子与离娄篇》，东方出版社，2014 年版，第 253 页。

② 王阳明著，张靖杰译注：《传习录》，江苏凤凰文艺出版社，2015 年版，第 26 页。

③ 爱新觉罗·毓鋆：《毓老师说易经》（卷一），天地出版社，2018 年版，第 5 页。

④ 南怀瑾：《易经系传别讲》，复旦大学出版社，2002 年版，第 31 页。

⑤ 王夫之：《读通鉴论》（下），《船山遗书》，中国书店出版社，2016 年版，第 376 页。

⑥ 许倬云：《许倬云自选集》，上海教育出版社，2002 年版，第 415 页。

(三) 读人

读经读史旨在身体力行，读以经世致用，则必读通世之人的事功，自觉觉人，以其为师，见贤思齐，求等齐之。人是万物之灵，往来天地之间，“在圣人之道里面好好过生活就很好了”。[①]《黄帝内经》曰：“天覆地载，万物悉备，莫贵于人。”钱穆尝言中华文化传统特别注重人文主义，因此也特别着重讲人物。中国人一向甚重人物之读与识，是中华文化思想的一大特点。例如，《论语》处处皆见尧舜以下直到孔子当时各类人物。读人识人之书当属三国时期魏国刘邵所著的《人物志》。“《人物志》乃《四书》之精华，是《四书》的提纲，分类聚在一起的，可以说是《四书》的简练本。”[②] 曾国藩将《人物志》置于案头，朝夕研磨，参较时事，为读人识人致用的典范。一代豪商胡雪岩周旋于官商两界与西洋之间，游刃有余，亦得益于忙里偷闲研读《人物志》。读人必及人所行之事、所尽之物，明人物之心志，或为天地立心，或为生民立命，或为往圣继绝学，或为万世开太平，或兼具二三，或兼具四者，以知人行事，明德修心，笃行成真。

熊十力最以孔子、阳明先生、船山先生为师。据王元化述，在熊十力起居室内，有三幅大字书写的君师贴。一居中，上书孔子之位；一在右，上书阳明先生；一在左，上书船山先生。至圣先师孔子作《易》创明内圣外王之道。“孔子之内圣学源出《诗》《书》《礼》《乐》，至五十学《易》而后，始集大成。……一曰中学在本体论中之天人不二义；二曰中学在宇宙论中之心物不二义。此二特点固不始于孔子，要至孔子始发挥光大。”[③] 孔子万世师表，自无需多言。除此之外，熊十力最为服膺阳明、船山二人。“阳明之造于道也，可谓宏大而亦密”，[④] 而智泽后世。熊十力先生明阳明先生良知之说，忽悟天地万

---

① 牟宗三：《周易哲学演讲录》，华东师范大学出版社，2004 年版，第 66 页。

② 爱新觉罗·毓鋆：《毓老师说人物志》，花山文艺出版社，2019 年版，第 3 页。

③ 熊十力：《原儒》，上海古籍出版社、上海书店出版社，2019 年版，第 189 页。

④ 熊十力：《原儒》，上海古籍出版社、上海书店出版社，2019 年版，第 244 页。

物本为一体，须向天地万物体认本心。“明代哲人王阳明，能以所学见之事功，此可法也。张居正愿身化作毡毯，任人践踏溲溺其上，学孔、佛而得其精神，为神州多支持数十年，亦闻阳明之风而起也。”[①] 熊十力先生读《船山遗书》得悟道器一元、道在我、贯通天人，以尊生、明有、主动与率性八字评价王夫之，言称自汉以来“有哲学天才者，莫如横渠、船山。船山伟大，尤过横渠，其学问方面颇多，犹未免于粗耳”。[②] 据言，1943 年时穿陆军少将军服的徐复观初见熊十力问及该读什么书时，熊十力先生推荐了王夫之的《读通鉴论》。

总而言之，熊十力曾望言，“世有宏通之才，吾望其发古学之长，温故知新，写成简要之册，以便通行。”[③] 深以为然，贱以此敬畏、亲近中华传统文化，以图自知、自觉、自愧、自主、自励、自信、自正，非墨守家法，反以内圣外王一贯之，“以出世态度做入世学问”（张居正语），力求孤往以寻觅真知，融贯中西，然虽不能至，心向往之。正所谓“不与世俗争短长，但以天道求等齐”。[④] 固然不如王夫之船山先生所言的“述往以为来者师”，然亦可“继志述事”，如冯友兰所言“照着讲，接着讲”，而且可以此为自省、自勉，切磋琢磨。吾虽向学实晚，尚未成学，然学不孤，必有邻。

---

① 熊十力：《体用论》，上海古籍出版社、上海书店出版社，2019 年版，第 243 页。
② 熊十力：《原儒》，上海古籍出版社、上海书店出版社，2019 年版，第 244 页。
③ 熊十力：《体用论》，上海古籍出版社、上海书店出版社，2019 年版，第 243 页。
④ 爱新觉罗・毓鋆：《毓老师说易经》（卷一），天地出版社，2018 年版，第 2 页。

目录 CONTENTS

第一章

中华儒家文化精神

儒家乃孔子继承二帝三王的文化传统，强调天地阴阳有别有合之道，倡导日常人伦，是修己安人经世致用之实学。如班固《汉书·艺文志·诸子略》概言：“儒家者流，盖出于司徒之官，助人君、顺阴阳、明教化者也。游文于六经之中，留意于‘仁义’之际。祖述尧、舜，宪章文、武，宗师仲尼，以重其言，于道最为高。”① 中国先贤后儒今士皆试图以明确的概念概括富有鲜明特色的中华儒家文化乃至中华文化。徐复观将基于忧患意识为基础的心性之学视为儒家思想的基本品格，李泽厚则将其界定为知行统一的乐感文化。实则中华儒家文化既强调居安思危的忧患意识，又注重孔子所言的“明知其不可为而为之”进取向上的乐观文化。由此中华儒家文化并非忧乐二义泾渭分明，截然对立。当代著名儒家庞朴先生秉承儒学的中庸之道，并不以二分法裁判中华儒家文化，反而以“忧乐圆融”视为中国的人文精神，很大程度上体现出“即忧即乐、化忧为乐”② 的中华儒家文化精神内涵。

中华儒家文化亲亲、仁民而爱物，强调自然的、内在的伦理角色关系，体现在父子、夫妇、长幼、朋友日常人伦的生活中。《中庸》曰：“诚者，非自成己而已也，所以成物也。成己，仁也；成物，知也。性之德也，合外内之道也。”③ 如《红楼梦》中宁府上房联所妙言：“世事洞明皆学问，人情练达即文章。”梁漱溟将其界定为“心向上之心强”“相与之情厚”④；唐君毅则以天人合一、分全不二论中国文化的根本观念。⑤ 由此世人皆要明世故，通人情，以良知本心处事。儒家强调进德修业的成己成物过程，而且以此为中心而立论。“世界上从这个中心说话的只有儒家，所以儒家是人的常道。从这个地方讲也

---

① 班固：《汉书》，中华书局，2007 年版，第 333 页。

② 庞朴：《儒家精神：听庞朴讲传统文化》，中国华侨出版社，2014 年版，第 18 页。

③ 爱新觉罗·毓鋆：《毓老师说中庸》，上海三联书店，2016 年版，第 206 页。

④ 梁漱溟：《中国文化要义》，上海人民出版社，2005 年版，第 118 页。

⑤ 唐君毅：《自序》，《中国文化之精神价值》，广西师范大学出版社，2005 年版，第 1 页。

可以说儒家永远不能成一个像普通样的那么一个宗教。”①

中华儒家文化强调以修身为要，内圣外王。尽管《庄子·天下篇》以内圣外王称孔子，“然此四字昔人以来皆作陈言笼统胡混过去，不问如何是内圣，如何是外王。且外王骨髓在内圣，不解内圣休谈外王”。② 真正儒者不能仅仅停留在明心尽性虚谈妄论上，反而应该“不遗物以沦于虚，故穷物理，尽物性，极乎裁成辅相位育之盛。故成己成物是一事，非可遗天地万物而徒为明心之学也。成己成物，是人人所应自勉之本分事”。③ 中华儒家文化颇有成己成物的实践性。“在中国传统文化中，没有把实践理性与纯粹理性分得那么清楚，是因为中国传统的哲学以实践为特性。中国传统哲学不会离开实践而去抽象地谈纯粹理性，它更强调实践性。”④ 在中华儒家文化观念中，孝仁、忠信、笃行，是做出来的，并不仅仅是知识、空论。

一、成己成物

（一）成人成圣

中华儒家文化以成人成贤成圣为中国人的人格世界，强调据于仁道形塑自我的为己、成己的进程。仁形成于心，而完成于身，身心如一，贯为一体。“中国儒家之圣贤者，天人之际之人格，持载人文世界与人格世界之人格。儒家精神，乃似现实而极超越，既超越而又归于现实。”⑤ 从孔子开始，儒家便强调成圣的进德过程，以二帝三王为榜样，以达圣人之境。圣人是仁智勇三德具备的有道德、有智慧、有果敢的人。“儒家的理想人格就是圣人。古代士大夫讲立德、立言、立

① 牟宗三：《周易哲学演讲录》，华东师范大学出版社，2004 年版，第 48 页。
② 熊十力：《原儒》，上海古籍出版社、上海书店出版社，2019 年版，第 26 页。
③ 熊十力：《原儒·序》，上海古籍出版社、上海书店出版社，2019 年版，第 2 页。
④ 楼宇烈：《中华文化的根本精神》，中华书局，2016 年版，第 33 页。
⑤ 唐君毅：《中国文化之精神价值》，广西师范大学出版社，2005 年版，第 303 页。

业。成功人士不是说一定要钱赚得多，官做得大，历史长河中做到皇帝也是一刹那。立言也好，立业也好，前提都是立德，只有成为圣人才是人生的成功。”①

孟子曰：“人皆可以为尧舜。”人人能够尽心向善，成为尧舜那样的圣贤之人。荀子曰：“涂之人可以禹。”行路上的普通人可以成为禹。阳明先生的《咏良知》诗曰：“人人心中有仲尼，自将闻见苦遮迷。而今指与真头面，只是良知更莫疑。”② 每个人内心皆有良知，满街皆圣人。“圣人之心如明镜，只是一个明，则随感而应，无物不照；未有已往之形尚在，未照之形先具者。”③ 儒家圣贤之论实是“圣心之洋溢而无尽，乃登凡人于圣城”之大智大慧。④ 身处物欲横流的时代，何以独善其身，达济天下，必先自有智慧而远离禽兽之行，行圣人之道。“圣，是‘致中和’的境界”，⑤ 是宇宙在手，万法由心的境界。

明代心学开启者陈献章⑥在其《禽兽说》中言称：“人具七尺之躯，除了此心此理，便无可贵，浑是一包浓血裹一大块骨头。饥能食，渴能饮，能着衣服，能行淫欲。贫贱而思富贵，富贵而贪权势，忿而争，忧而悲，穷则滥，乐则淫。凡百所为，一信气血，老死而后已，则命之曰‘禽兽’可也。”⑦ 据《十力语要初续》所附《困学记·陈白沙先生纪念》，熊十力曾晚年回忆读此说时无限兴奋、惊喜若狂的心境，顿悟心理而非血躯方是真我。“人生任血气用事，即执藐小之物为自我，其饥食渴饮乃至穷滥乐淫，一切与禽兽不异，此其人虽名之曰

---

① 魏承思：《解读荀子》，上海人民出版社，2019 年版，第 39 页。

② 王夫之：《王阳明全集》（第 3 卷），线装书局，2014 年版，第 102 页。

③ 王阳明著，张靖杰译注：《传习录》，江苏凤凰文艺出版社，2015 年版，第 31 页。

④ 唐君毅：《中国文化之精神价值》，广西师范大学出版社，2005 年版，第 307 页。

⑤ 爱新觉罗·毓鋆：《毓老师说易经》（卷一），天地出版社，2018 年版，第 17 页。

⑥ 陈献章，字公甫，号石斋，别号白沙子，明代江门学派创建者，著名思想家、教育家、书法家和诗人，广东唯一入祀孔庙的硕儒，主张学贵知疑、独立思考，是明代由朱熹转陆九渊的第一人，提出“天地我立，万化我出”的心本论、“静中养出端倪”的工夫论，著作后被汇编为《白沙子全集》，享有“真儒复出”“活孟子”等美誉。后儒黄宗羲曰：“有明儒者树立成圣的理想，寻找成圣的方法，至陈白沙始明，至王阳明始大。”

⑦ 陈献章：《陈献章集》，中华书局，1987 年版，第 61 页。

人，实乃禽兽也。若能超脱血气之藐小物而自识至大无匹之真我，则炯然独灵，脱然离系，饥食渴饮著衣居室，皆有则而不乱、循理而不溺。乃至贫贱不移、富贵不淫，浩然大自在，此乃《易》之所谓大人。"① 达成圣之境界在于"思维与修养交致其力，而修养所以立本。思修交尽，久而后有获也。佛道二家方法皆宜参考，然道颇沦虚，佛亦滞寂。沦于虚，滞于寂，即有舍弃现实，脱离群众之患"。②

儒家主张人禽之辨，进而关注圣凡之别、君子与小人之分。人禽之辨主要在于人与动物的别与合；圣凡之别则主要在于寻常人士与圣人之间的别与合；君子与小人之分在于中庸与反中庸、荣学与贱学之分。荀子曾自问答："学恶乎始？恶乎终？曰：其数则始乎诵经，终乎读礼；其义则始乎为士，终乎为圣人。"③ 因而仁人志士是有层级、有层次的。在孔子看来，人有五等，即庸人、士人、君子、贤人和圣人。庸人往往心中并无敬终慎始的法则或习惯，难言规劝教诲之语，并不慕选圣贤之士以立身，并不砥砺修道进艺以心安，大事糊涂而不知晓自立之大方向，反而受役于物，难以坚守仁义信念。"所谓庸人者，心不存慎终之规，口不吐训格之言，不择贤以托其身，不力行以自定。见小暗大，而不知所务；从物如流，不知其所执。此则庸人也。"④ 与之对照的是，圣人将人道、德行与天道、地道合二为一，因时而变，通晓道艺，推究万事的变化及其过程，协调万物的自性本然，依据大道而成就万事万物，与日月齐辉，如神明般化成天下，然而普通百姓浑然不知其德行，即便看到也不知道其近在身边。（"所谓圣人者，德合于天地，变通无方。穷万事之终始，协庶品之自然，敷其大道而遂成情性。明并日月，化行若神。下民不知其德，睹者不识其邻。此谓圣人也。"⑤）成己成圣的过程在于始于成士，终向成圣。相比于士，

---

① 熊十力：《十力语要初续》，上海古籍出版社、上海书店出版社，2019 年版，第 249 页。

② 熊十力：《原儒》，上海古籍出版社、上海书店出版社，2019 年版，第 11 页。

③ 楼宇烈：《荀子新注》，中华书局，2018 年版，第 10 页。

④ 杨朝明等：《孔子家语通解》，齐鲁书社，2009 年版，第 59 页。

⑤ 杨朝明等：《孔子家语通解》，齐鲁书社，2009 年版，第 59 页。

圣不仅具有一定的文化修养和知识素养，而且以德润身，指向至善。人心惟危，难以叵测，往往面临利害危局并不可靠，因为人是会变的。“人文思想的产生，是希望人在动乱要命的时候，能够不变，那就是圣人，有道之人，三极之道就是这些。”①

有别于程朱理学“今日格一物，明日格一物”的成圣之道，“陆九渊认为成圣之学是内在的感悟，是人格的完成和践履，由内而外，达到与天地合德同万物一体的境界，而与知识多寡、学问深浅并无直接联系。”② 尺有所长，寸有所短。然而圣人之心存乎天理之道一也，如黄金那样不应以斤两之异而弃成色之锻。“圣人之所以为圣，只是其心纯乎天理，而无人欲之杂。……学者学圣人，不过是去人欲而存天理耳，犹炼金而求其足色。金之成色所争不多，则锻炼之工省而功易成，成色愈下则锻炼愈难；人之气质清浊粹驳，有中人以上，中人以下，其于道有生知安行，学知利行，其下者必须人一己百，人十己千，及其成功则一。后世不知作圣之本是纯乎天理，却专去知识才能上求圣人。以为圣人无所不知，无所不能，我须是将圣人许多知识才能逐一理会始得。”③ 由此，学人勿以短长论圣人，反而应下“精一”功夫，做到“勿以善小而不为，勿以恶小而为之”。“圣不是圣斗士的圣，而是一种充满志趣，通权达变，挥洒自如，化己度人的生活态度。”④ 圣人富有精气神，不仅是经师、人师，而且是圣人师、百世师。如阳明先生所言，成圣之道只论精一，不论多寡，只求心存乎天理之同。

（二）己修

中华儒家文化精神在于循礼己修躬行，而不在于言辞，因而圣人体观天道，用于己修，严于持己，因而天人不二。如张载焕然自信曰：

---

① 南怀瑾：《易经系传别讲》，复旦大学出版社，2002 年版，第 63 页。
② 吕峥：《明朝一哥王阳明》，万卷出版公司，2010 年版，第 42 页。
③ 王阳明著，张靖杰译注：《传习录》，江苏凤凰文艺出版社，2015 年版，第 75 页。
④ 吕峥：《明朝一哥王阳明》，万卷出版公司，2010 年版，第 115 页。

"吾道自足，何事旁求。"[①] 因而人人能够己修以下成圣之功夫。儒家主张慎独修心，强调自我管理、自我领导，不要自作聪明，要善于守拙，难得糊涂点。"修己而不责人，则免于难。"[②] 自己笃定躬行，反省自己不及之处，而少责备于他人，不求全于人，则可以远离怨恨。"躬自厚而薄责于人，则远怨矣。"[③]（《论语·卫灵公》）己成成己就是要自我成长、自我修养、自我完善，然后成仁。"成己，仁也。"[④]（《礼记·中庸》）反躬自省、克己修身，"反求诸己"[⑤]（《孟子·离娄上》），"度己以绳"[⑥]（《荀子·非相》）是中华儒家文化身心兼修的思想传统。

孔子曰："不患无位，患所以立。不患莫己知，求为可知也。"[⑦]（《论语·里仁篇》）一个人不怕没有地位，最怕自己何以自立，安身，立命。一个人不要怕没有知己，也不要怕没有人了解自己。"存亡祸福皆己而已，天灾地妖不能加也。"[⑧] 很多人事往往咎由自取，并无他故。"若夫智士仁人，将身有节，动静以义，喜怒以时，无害其性，虽得寿焉，不亦可乎？"[⑨] 只要自己不断修养本心，能够扩充自己，别人自然知道你。孟子肯定人固有善端，强调"扩而充之"成为真正意义上的人。相比之下，荀子关注人具有趋恶的本性，强调"化性起伪"，以人自身的努力而成为合乎礼义之人。在荀子看来，依礼而行便可以成为真正意义上的人；反之违礼而行便为禽兽。陆九渊主张以心为本，强调自己心志的磨炼。陈献章强调心中自求，得出"道也者，自我得之"的心悟。

---

① 龚杰：《张载评传》，南京大学出版社，1996 年版，第 2 页。

② （春秋）左丘明撰，（晋）杜预集解，李梦生整理：《春秋左传集解》，凤凰出版社，2010 年版，第 119 页。

③ 杨伯峻：《论语译注》，中华书局，2018 年版，第 234 页。

④ 胡平生著，张萌译注：《礼记》，中华书局，2017 年版，第 1029 页。

⑤ 杨伯峻：《孟子译注》，中华书局，2016 年版，第 179 页。

⑥ 楼宇烈：《荀子译注》，中华书局，2018 年版，第 76 页。

⑦ 杨伯峻：《论语译注》，中华书局，2018 年版，第 54 页。

⑧ 杨朝明等：《孔子家语通解》，齐鲁书社，2009 年版，第 68 页。

⑨ 杨朝明等：《孔子家语通解》，齐鲁书社，2009 年版，第 70 页。

后世阳明先生承继孟子的良知观，但强调“虽有而若无”，主张以致良知的知行合一。阳明先生言称：“人须有为己之心，方能克己；能克己，方能成己。”① 一个人想要成为自己，就一定懂得克制自己，有一分本事吃一分饭。“吾辈用力，只求日减，不求日增。减得一分人欲，便是复得一分天理，何等轻快洒脱，何等简易。”② 人之心体是否中正，知行是否中节，关键在于笃根本，去浮华。“种树者必培其根，种德者必养其心。欲树之长，必于始时删其繁枝；欲德之盛，必于始学时去夫外好。如外好诗文，则精神日渐漏泄在诗文上去；凡百外好皆然。”③ 上智下愚并非不可改变，只是自己不肯改变而已。“一个残酷的事实是，没有人可以引领你，每个人的路都是自己选的，真正能改变你的只有你自己，书本的作用也仅仅是告诉你，你可以做到这样，如此而已。……一个真实的自我可以让人有效地应对真实的世界，从而完整地把握世界。一切皆因思想而异。如欲改变命运，首先改变自己。如欲改变自己，首先磨炼内心。”④ 至于是否做到这样，并不是自己能不能的问题，而是自己肯不肯的问题。

人之德业并非天成，亦非因循不变，而是生生不已。“儒家是自律道德，自律之所以为自律靠什么东西呢？靠 free will、moral will，照儒家的词语讲，就是靠本心、良知。真正讲主体，从主体这个地方挺立起来，顶天立地，只有儒家，其他诸教都不是从主体挺出来，都是绕出主体以外。这是核心的一点，你抓住这点，你就是儒家，你不抓住这点，你就不是儒家。这是最普通最突出的一点而又最难了解，因为人总想追求往外看。”⑤ 如黄宗羲所言，“心无本体，工夫所至，即其本体。”⑥ 成圣的修行全然在于自己在知行上下功夫，在于事上磨炼。一方面，知行工夫在于以天人合一的精神不断提升自身的德性，止于

① 王阳明著，张靖杰译注：《传习录》，江苏凤凰文艺出版社，2015 年版，第 98 页。
② 王阳明著，张靖杰译注：《传习录》，江苏凤凰文艺出版社，2015 年版，第 76 页。
③ 王阳明著，张靖杰译注：《传习录》，江苏凤凰文艺出版社，2015 年版，第 90 页。
④ 吕峥：《明朝一哥王阳明》，万卷出版公司，2010 年版，第 122 页。
⑤ 牟宗三：《周易哲学演讲录》，华东师范大学出版社，2004 年版，第 36 页。
⑥ 黄宗羲：《明儒学案·序言》，中华书局，1985 年版，第 7 页。

至善。另一方面，知行工夫在于济人利物的精神从事政治经济等维度的社会行为。

君子“把人生看成是一个成德的过程，这个过程就是终始过程。有始有终，这个终始过程是一个成德的过程。人一生就是奋斗，不是奋斗发财，是奋斗成德，就是发展你的德性人格，这个成德过程做完了就终”。[①] 如《易经》所启示的，自己是人生命运的主宰者，不假任何外力。“我们相信宗教，请神帮忙，统统没用。世界上没有任何一种他力能够帮助你的。……人要怎样才能做到？靠自己，自助则天助。”[②] 自己遵循天道，自己站起来、强起来，才能“自天佑之，吉无不利”。只有自立自强起来，上天才能与人事交相感应，有感有应，才能有吉无咎。要真正做到无咎，自己要善于补过，成为自己的教主，随时自我反省，自省自己的过失，做得正，行得直，心胸坦荡，怀平常心，一切皆安。人生有险易，需要以自己的智慧化险为夷，防止险象环生。

人要勇于进退，辨别是非，求得心安理得，心境安宁。“是非，不用从学者的讲学中去区分，只需从自己的内心去辨别。如果做了一件事你觉得内心安稳，那这件事就是对的。反之，若于心不安，则可能是错的。不能等别人为你铺好路，而是要自己去走、去犯错，最后创造一条属于自己的路。”[③] 人要自我审视，不断进德修业，就需要避免物欲的侵蚀，不受役于物，反而能够控制物，即楼宇烈先生所描述的“上薄拜神教”“下防拜物教”。荀子引言称，“君子役物，小人役于物”。[④] 管子则曰“不以物乱官，不以官乱心”。[⑤] 不以物喜，不以己悲，己修心安。“能够用心管住五官，用五官管住外物，这就是君子。因此，要成为一个有独立性、主体性、能动性的人，就不应该被物管

① 牟宗三：《周易哲学演讲录》，华东师范大学出版社，2004 年版，第 48 页。
② 南怀瑾：《易经系辞别讲》，复旦大学出版社，2002 年版，第 67 页。
③ 吕峥：《明朝一哥王阳明》，万卷出版公司，2010 年版，第 120 页。
④ 楼宇烈：《荀子译注》，中华书局，2018 年版，第 24 页。
⑤ 贾太宏：《管子通释》，西苑出版社，2016 年版，第 392 页。

住，不能被物欲腐蚀，否则就会丧失做人的底线。”[①] 人效法天地，定能胜天，造就自己的人生和命运。“学儒家时，一方面可以有远大的理想，但更重要的，是把它收回自己内心，不管面对什么时代、什么环境，首先都要为自己负责。”[②] 人除了自度，他人爱莫能助。一切要靠自己努力才行。即使“身体有了毛病，真正要治疗身体好起来，只有靠自己。能够利用自己本身的精、气、神，便可以返老还童，便可以长生不老”。[③]

（三）成物

中华儒家有亲亲、仁民、爱物的文化传统，强调推己及人，修己安人，济人利物，以人格精神改造现实社会，达到“知周乎万物而道济天下”（《易经·系辞上传》）、“曲成万物而不遗”[④] 的圣境。孔子曰：“夫仁者，己欲立而立人，己欲达而达人”（《论语·雍也》）。[⑤] 孔子认为圣人能够“博施于民而能济众”，即做到将仁义周施于百姓，又切实地施惠于百姓。“圣人法天，但是圣人不同于天呀！圣人法道，但是圣人不同于道，圣人并不就是道呀！圣人是具体的生命，道在他这里表现，道在圣人处表现呀！所以，圣人有心，圣人有忧患。有忧患才有悲悯，圣人悲天悯人呀！”[⑥] 孟子曰：“君子之于物也，爱之而弗仁；于民也，仁之而弗亲。亲亲而仁民，仁民而爱物。”（《孟子·尽心上》）[⑦] 亲亲言及家庭人伦；仁民就是“老吾老，以及人之老；幼吾幼，以及人之幼”；爱物就是对物有爱心。对于人有仁心，但不如对亲人那么仁慈。儒家之仁在于先修己，先对自己的亲人仁慈，然后扩充至家、国、天下，由此仁民、爱物。“真正伟大的事业是付出，而不

① 楼宇烈：《中国文化的根本精神》，中华书局，2016 年版，第 52 页。
② 傅佩荣：《傅佩荣讲孟子》，北京联合出版公司，2018 年版，第 16 页。
③ 南怀瑾：《易经系辞别讲》，复旦大学出版社，2002 年版，第 87 页。
④ 寇方墀：《全本周易导读本》，中华书局，2018 年版，第 426 页。
⑤ 杨伯峻：《论语译注》，中华书局，2017 年版，第 93 页。
⑥ 牟宗三：《周易哲学演讲录》，华东师范大学出版社，2004 年版，第 112 页。
⑦ 杨伯峻：《孟子译注》，中华书局，2016 年版，第 359 页。

是据为己有。……真正的爱，只有付出，没有占有。这也就是道、就是富有，所以富有叫做大业。”①

孟子曰：“知者无不知也，当务之为急；仁者无不爱也，急亲贤之为务。尧舜之知而不偏物，急先务也；尧舜之仁不偏爱人，急亲贤也。”（《孟子·尽心上》）② 当务就是当下应该做的，是时务也。圣贤仁智者忧时忧世、忧国忧民，在处理事务时需要判断事务在时间、空间上的紧要性和优先次序，亲近有道之士，然后以仁心治国平天下，尽管他们对万物人人皆有所爱。圣王尧舜并不偏执于治理万事万物，而是明确事务的轻重缓急；也并不仁爱天下人人，而是先治理好身边亲人。在王夫之看来，汉魏以降儒者无所不淫，至宋周敦颐始再明圣道。宋代哲学家张载言：“民吾同胞，物吾与也。”③ 圣者要有民胞物与之量，有内圣外王之业，仰不愧于天，俯不怍于人，了无憾事。“陆九渊认为成圣之学是内在的感悟，是人格的完成和践履，由内而外，达到与天地合德同万物一体的境界，而与知识多寡、学问深浅并无直接联系……一言蔽之，理学与心学的区别就是‘为学’和‘为道’的区别。”④

圣人先天下之忧而忧，后天下之乐而乐，与民同乐，独乐乐不若与众同乐。“圣人以神、智、易纯洁化自己的心，退藏到最深密的地方。你能退藏于密的时候，你才能吉凶与民同患。合吉合凶呀，才能跟人民同样地感受，这就是主观方面跟客观方面打成一片。假如你不能退藏于密，不能与人民打成一片，你的吉凶就是你的吉凶，我的吉凶就是我的吉凶。”⑤ 格物致知，以道利物，以正格物，以成己成圣。“成物即是成己，本无内外可分，而复言内外者，乃随俗假设耳。圣者，智仁勇诸德皆备之称。王者往义。”⑥ 为此，圣者要安土敦仁，乐

---

① 南怀瑾：《易经系辞别讲》，复旦大学出版社，2002 年版，第 129 页。
② 杨伯峻：《孟子译注》，中华书局，2016 年版，第 259 页。
③ 张载：《张载集》，中华书局，1978 年版，第 62 页。
④ 吕峥：《明朝一哥王阳明》，万卷出版公司，2010 年版，第 42 页。
⑤ 牟宗三：《周易哲学演讲录》，华东师范大学出版社，2004 年版，第 125 页。
⑥ 熊十力：《原儒》，上海古籍出版社、上海书店出版社，2019 年版，第 24 页。

天知命，知晓天地法则，懂得生命价值，己修然后才教人、治人。“‘成物’在广义上既指成就他人，也涉及赞天地之化育，二者都以尽人之性与尽物之性为前提，其中包含对人与物的把握，从而体现了‘知’（所谓‘知也’）。”[①] 成圣意味着内在德性的培养，成物则主要指外在适当秩序的建构，分别以认识自我与改变自我、认识世界与改变世界为使命。“内圣则以天地万物一体为宗，以成己成物为用；外王则以天下为公为宗，以人代天工为用。天下为公，必荡平阶级，故大人世及之礼制不容存，同时必作动人民自主之力量。”[②]

儒家无法脱离成物之用以求圣道本心，也不至于固执于成物之用而迷失圣道本心，因为内圣外王之体用不二，实乃一源。“内圣之学，不离用以求体，亦不至执用而迷其体。执用迷体，则宇宙人生无根蒂，理不应然。离用以求体，将超脱万物，遗弃现实世界而别寻真宰，其失与宗教同。儒者内圣学，体用不二，而亦有分，虽分而仍不二。由是义故，不执用迷体，迥异俗谛之见。不离用求体，自无出世之谜，此所以为人间智炬也。至于外王学以平天下、位天地、育万物为极则。”[③] 成物在于齐家、治国、平天下的外王之用，体现了济世利他的精神。

二、经史参照

船山致用之学

前有孔子，后有王夫之（因家乡有石船山，人称船山先生）。船山先生生于明朝万历四十七年（1619 年），字而农，湖南衡阳人。其学

① 杨国荣：《成己成物：意义世界的生成》，北京师范大学出版社，2018 年版，第 2 页。

② 熊十力：《原儒》，上海古籍出版社、上海书店出版社，2019 年版，第 112 页。

③ 熊十力：《原儒》，上海古籍出版社、上海书店出版社，2019 年版，第 53 页。

问是中国古代儒学的巅峰，甚至是中华儒家文化思想的集大成者，续接中华儒家文化的精神文脉。可谓前有古人，后有来者。船山先生虽曾任南明政权行人司行人，然自知终不可为，故入山水间，沉寂潜修，“启甕牖，秉孤灯”研读经史，“虽饥寒交迫，生死当前而不变”，[①]“以求所谓育物之仁，经邦之礼”，“可谓博文约礼、命世独立之君子已”。[②] 康熙八年（1669 年），船山先生将其新建之屋名为“观生居”，题写对联为“六经责我开生面，七尺从天乞活埋”，承担起思想传承的文化自觉。船山先生著述 100 多部、400 余卷、800 余万字，注张载的《正蒙》数万言而承继张载的“一物两体”观点，注《礼记》数十万言，著《读通鉴论》而述“势、理、天合一”的历史观，著《周易外传》而述“象外无道”“天下唯器”等哲理，著《读四书大全说》而述以“行”为基础的知行观，著《黄书》而总结大明王朝衰亡的教训，阐“夷夏之辩”，著《噩梦》而倡经世致用之学，自题墓志为“抱刘越石之孤愤，而命无从致；希张横渠之正学，而力不能企”，自称“吾书两百年后始显”。

船山先生继承了古代唯物主义思想家王充、张载的理论传统，审辩性地阐述宋明以来的程朱理学、陆王心学，在唯物主义方面“推故而别致其新”，为明末清初五位文化大师（其余为黄宗羲、顾炎武、方以智、朱舜水）之一，中国近现代文化精神领袖。1985 年，美国哲学社会科学界评出古今八大哲学家，其中四位唯物主义哲学家依次是：德谟克利特、王船山、费尔巴哈、马克思。后世曾国藩极为推崇其学识，甚至在 1862 年与太平天国战争期间，用 1 个月的晚上读完《读通鉴论》。郭嵩焘则称船山先生“尤心契横渠张子之书，论《易》与《礼》，发明先圣微旨，多诸儒所不逮”，“先生之学非元明以后诸儒所

---

① 王敔：《姜斋公行述》，王夫之：《船山遗书》（第一册），中国书店出版社，2016 年版，第 5、6 页。

② 曾国藩：《序》，王夫之：《船山遗书》（第一册），中国书店出版社，2016 年版，第 5、6 页。

能及也”,[1] 推崇《读通鉴论》，断言“尽古今之变，达人事之宜，通德类情，易简以知险阻，指论明确，猝然一出于正，使后人无复可以置议。故尝以谓读船山《通鉴论》，历代史论可以废。”[2] 船山先生学以致用的务实精神深刻影响了章太炎、杨昌济、梁启超、谭嗣同、毛泽东等人。章太炎言及辛亥革命时指出，“船山学说为民族光复之源，近代倡义诸公，皆闻风而起者，水源木本，瑞在于斯。”谭嗣同私淑船山先生，承继船山先生的精义之学，言“三代以下无可读之书。更以论国初三大儒，惟船山先生纯是兴民权之微旨，次则黄梨洲《明夷待访录》”,[3] 在《仁学》中曰“五百年来学者真通天人之故者，船山一人而已”。尽管船山先生当时并不被世人所知晓与熟读，“然而在几百年后或在外国，发生绝大影响，其人曰王船山，曰朱舜水”。[4]

近代著名学者、教育家杨昌济认为船山学问如宋学一样有通微深思之功，“能研万事微茫之几”，言称“王船山一生卓越之处，在于主张民族主义，以汉族之受制于外来民族为深耻奇痛……然所谓外来民族如英、法、俄、德、美、日者，其压迫之甚，远过于汉族前日之所曾经验”。[5] 杨昌济不仅对船山学说情有独钟，而且以他的人品和学识，熏陶和影响了毛泽东、蔡和森、邓中夏、李维汉等中国革命人物。毛泽东以古代唯物论概述船山学问方法，曾评价曰：“西方有一个黑格尔，东方有一个王船山。”毛泽东在校学习时，常在星期日到船山学社听讲船山学问，认为船山先生“要人明白自己（人）在宇宙间的高等地位，努力做‘超人’（豪杰）。他最恨‘凡民’、‘众庶’——只晓得吃饭、穿衣、睡觉、生儿女的人是也。所以我说他似尼采。”[6]

船山先生痛心程朱理学清谈误国，以道器之辩倡导经世致用的实

---

① 王夫之：《船山全书》（第16册），岳麓书社，1996年版，第584—585页。
② 王夫之：《船山全书》（第16册），岳麓书社，1996年版，第583—584页。
③ 王夫之：《船山全书》（第16册），岳麓书社，1996年版，第724页。
④ 王夫之：《船山全书》（第16册），岳麓书社，1996年版，第737页。
⑤ 王夫之：《船山全书》（第16册），岳麓书社，1996年版，第809页。
⑥ 王夫之：《船山全书》（第16册），岳麓书社，1996年版，第892页。

学，探讨社会生活和实践领域中的道器关系，强调由器至道，尽管孔子曾言“君子不器”（《论语·为政》）。“器”为会意字，从犬从四个口，构意源自一条好狗四面临敌时，仍会狂嚣不止，本义为才器，后引申为专物专用之义。[①] 朱熹注释为，“器者，各适其用而不能相通。成德之士，体无不具，故用无不周，非特为一才一艺而已。”《周易·系辞上传》言：“形而上者谓之道，形而下者谓之器。”[②] 尽管孔子认为君子不像器皿那样仅有一种功能，然而以中和之道观之，道器乃对立统一，相辅相成也。宋明程朱理学却往往视道器为二物，以形而上与形而下分而试之，将道视为超越于器的本体，从而将道视为不受时空限定且亘古不变的原道。朱熹主张道体器用，将器视为道的功用。船山先生也痛感陆王心学再传的流弊，认为“王氏之学，一传而为王畿，再传而为李贽；无忌惮之教立，而廉耻丧，盗贼兴，皆惟怠于明伦察物而求逸获。故君父可以不恤，名义可以不顾，陆子静出而宋亡，其流祸一也”，[③] 反对辞章玄虚，提倡学博庶物之理。“以察物言之，庶物之理，非学不知，非博不辩，而俗儒怠而欲速，为恶师友所锢蔽，曰何用如彼，谓之所学不杂。”[④]

第一，道器互为一体。“道者，物所众著而共由者。……既盈两间而无不可及，盈两间而无不可循，故盈两间皆道也。”[⑤] 两间皆阴阳，然“阴阳与道为体”，故两间皆道。器为载道之象，“器有大小，时有往来，载者有量，行者有程”。[⑥] 由此道器并非截然分开，实则同体，道在器中，器外无道。“据器则道存，离器则道毁。”[⑦] 道和器是“统此一物”的一体两面，不能将之形而上、形而下地二分之。“统此一

---

① 唐汉：《论语新解》，北京联合出版公司，2016 年版，第 41、42 页。

② 寇方墀：《全本周易导读本》，中华书局，2018 年版，第 438 页。

③ 王夫之：《船山遗书》（第 12 册），中国书店，2016 年版，第 179 页。

④ 王夫之：《船山遗书》（第 12 册），中国书店，2016 年版，第 239 页。

⑤ 王夫之：《船山遗书》（第 2 册），中国书店，2016 年版，第 118 页。

⑥ 王夫之：《船山遗书》（第 2 册），中国书店，2016 年版，第 112 页。

⑦ 萧萐父、许苏民：《王夫之评传》，南京大学出版社，2002 年版，第 112 页。

物……无非阴阳之和而成。尽器，则道在其中矣。”[①]

第二，器在道先，道是器的道，那么若无形而下的“器”，就所谓形而上的“道”，即“无其器则无其道”。[②] 对此，船山先生进而认为，“道者器之道，器者不可谓之道之器。”[③] 由此，器为根本，道为从属，即“器体道用”。也就是说，并不是具体事物的器依存于道，而是道存在于具体事物之中。例如，如若没有马车，则御马之道也无从谈起。

第三，尽器贯道。船山先生认为，“盈天地之间皆器矣”“天下唯器而已矣”。[④] 天地间充满着器物，道则贯通于器物之中。也就是说，天下为诸多繁杂的具体事物，然而抽象的理念时时无法脱离具体的事物。“君子之道，尽夫器而已矣。”[⑤] 世人以知与能参透天地间的具体事物，从而可以把握其法则。“天之道必待人而成之，此之谓‘尽器’，人接事应物合宜，道器方能会通于至诚而极尽器变化。”[⑥] 可见，船山先生所主张的道不离器、道在器中、天下唯器，很大程度上体现了由道体以发器用、由器用以显道体的辩证法。

船山经世致用之学以《易经》为宗，以历史为根，道随器变，经邦济世，尽用道器。“王夫之继承和发展了张载的元气本体论学说，推倒宋儒的天理本体论及其主静拒变的形而上学和销行以归知的认识论，在本体论、发展观和认识论诸方面都做出了重大的理论突破和别开生面的理论贡献，成为中国哲学天人关系学说史上继荀况、刘禹锡之后的第三座里程碑。”[⑦] 在知行关系上，船山先生并不赞同“知先行后”的观点，较为肯定阳明先生的“知行合一”之说，强调“知行相资以

---

① 王夫之：《船山遗书》（第12册），中国书店，2016年版，第206页。

② 王夫之：《船山遗书》（第2册），中国书店，2016年版，第134页。

③ 王夫之：《船山遗书》（第2册），中国书店，2016年版，第133页。

④ 王夫之：《船山遗书》（第2册），中国书店，2016年版，第133页。

⑤ 王夫之：《船山遗书》（第2册），中国书店，2016年版，第134页。

⑥ 田丰：《王船山“尽器贯道”的实践哲学取向》，《船山学刊》，2019年第5期，第45页。

⑦ 萧萐父、许苏民：《王夫之评传》，南京大学出版社，2002年版，第608、609页。

为用”，“知之尽，则实践之而已”，由此创造性地发展了荀况的“制天命而用之”的思想以及刘禹锡的“天与人交相胜”的思想。最后，船山先生有“修身四看”“修身六然”之论。前者为大事难事看担当、逆境顺境看襟怀、临喜临怒看涵养、群行群止看识见；后者为自处超然、处人蔼然、无事澄然、有事斩然、得意淡然、失意泰然。

附录　孔子问道老聃

◎孔子谓南宫敬叔曰："吾闻老聃博古知今，通礼乐之原，明道德之归，则吾师也，今将往矣。"对曰："谨受命。"遂言于鲁君曰："臣受先臣之命云：'孔子圣人之后也。灭于宋。其祖弗父何，始有国而授厉公。及正考父佐戴、武、宣，三命兹益恭。故其鼎铭曰："一命而偻，再命而伛，三命而俯。循墙而走，亦莫余敢侮。饘于是，粥于是，以糊其口。"其恭俭也若此。'臧孙纥有言：'圣人之后，若不当世，则必有明君而达者焉。孔子少而好礼，其将在矣。'属臣曰：'汝必师之。'今孔子将适周，观先王之遗制，考礼乐之所极，斯大业也！君盍以乘资之？臣请与往。"公曰："诺。"与孔子车一乘，马二匹，竖子侍御。敬叔与俱至周。

问礼于老聃，访乐于苌弘，历郊社之所，考明堂之则，察庙朝之度。于是喟然曰："吾乃今知周公之圣，与周之所以王也。"

及去周，老子送之，曰："吾闻富贵者送人以财，仁者送人以言。吾虽不能富贵，而窃仁者之号，请送子以言乎：凡当今之士，聪明深察而近于死者，好讥议人者也。博辩闳达而危其身，好发人之恶者也。无以有己为人子者，无以恶己为人臣者。"孔子曰："敬奉教。"自周反鲁，道弥尊矣。远方弟子之进，盖三千焉。[①]

◎孔子行年五十有一，而不闻道，乃南之沛，见老聃。老聃曰："子来乎？吾闻子，北方之贤者也，子亦得道乎？"孔子曰："未得也。"老子曰："子恶乎求之哉？"曰："吾求之于度数，五年而未得也。"老子曰："子又恶乎求之哉？"曰："吾求之于阴阳，十有二年而未得也。"老子曰："然，使道而可献，则人莫不献之于其君；使道而

① 杨朝明等：《孔子家语通解》，齐鲁书社，2013 年版，第 124、125 页。

可进，则人莫不进之于其亲；使道而可以告人，则人莫不告其兄弟；使道而可以与人，则人莫不与其子孙。然而不可者，无佗也，中无主而不止，外无正而不行。由中出者，不受于外，圣人不出；由外入者，无主于干中，圣人不隐。名，公器也，不可多取。仁义，先王之蘧庐也，止可以一宿，而不可久处。觏而多责。古之至人，假道于仁，托宿于义，以游逍遥之虚，食于苟简之田，立于不贷之圃。逍遥，无为也；苟简，易养也；不贷，无出也。古者谓是采真之游。以富为是者，不能让禄；以显为是者，不能让名；亲权者，不能与人柄。操之则栗，舍之则悲，而一无所鉴，以窥其所不休者，是天之戮民也。怨、恩、取、与、谏、教、生杀八者，正之器也，唯循大变无所湮者，为能用之。故曰，正者，正也。其心以为不然者，天门弗开矣。”

孔子见老聃而语仁义。老聃曰：“夫播糠眯目，则天地四方易位矣；蚊虻噆肤，则通昔不寐矣。夫仁义憯然，乃愤吾心，乱莫大焉。吾子使天下无失其朴，吾子亦放风而动，总德而立矣！又奚桀然若负建鼓而求亡子者邪！夫鹄不日浴而白，乌不日黔而黑。黑白之朴，不足以为辩；名誉之观，不足以为广。泉涸，鱼相与处于陆，相呴以湿，相濡以沫，不若相忘于江湖。”

孔子见老聃归，三日不谈。弟子问曰：“夫子见老聃，亦将何规哉？”孔子曰：“吾乃今于是乎见龙！龙，合而成体，散而成章，乘乎云气而养乎阴阳。予口张而不能嗋。予又何规老聃哉？”子贡曰：“然则人固有尸居而龙见，雷声而渊默，发动如天地者乎？赐亦可得而观乎？”遂以孔子声见老聃。

老聃方将倨堂而应微曰：“予年运而往矣，子将何以戒我乎？”子贡曰：“夫三王五帝之治天下不同，其系声名一也。而先生独以为非圣人，如何哉？”老聃曰：“小子少进！子何以谓不同？”对曰：“尧授舜，舜授禹，禹用力而汤用兵，文王顺纣而不敢逆，武王逆纣而不肯顺，故曰不同。”老聃曰：“小子少进，余语汝三皇五帝之治天下。黄帝之治天下，使民心一，民有其亲死不哭而民不非也。尧之治天下，使民心亲，民有为其亲杀其杀而民不非也。舜之治天下，使民心竞。

民孕妇十月生子，子生五月而能言，不至乎孩而始谁，则人始有夭矣。禹之治天下，使民心变，人有心而兵有顺，杀盗非杀人，自为种而天下耳。是以天下大骇，儒墨皆起。其作始有伦，而今乎妇女，何言哉！余语汝，三皇五帝之治天下，名曰治之，而乱莫甚焉。三皇之知，上悖日月之明，下睽山川之精，中堕四时之施。其知憯于蛎虿之尾，鲜规之兽，莫得安其性命之情者，而犹自以为圣人，不可耻乎，其无耻也?”子贡蹴蹴然立不安。[1]

① 刘建生:《庄子精解》，海南出版社，2012 年版，第 183—187 页。

第二章

儒家文化之道用

《易经》

无论怎样疑古，确定无疑的是孔子晚年喜《易经》，“加我数年，五十以学《易》，可以无大过矣”（《论语·述而篇》）①，赞《易经》以明天道，述《春秋》以显人道。孔子主张“道一以贯之”（《论语·里仁篇》）②，以此确立执一御万的道本，强调本体和本体的作用、效用之别与合，从而确立了儒学的道本时用的思想基础。据20世纪70年代长沙马王堆三号墓出土的帛书《易》记载，孔子告知子贡曰：“《易》之道：良［筮而善占］，此百生之道［也，非］《易》也。”③儒家顺阴阳之道，以道之一将分殊之二合而为一，顺阴阳之分殊而合之为天道，以柔刚谓之地道，上下谓之人道，以天道推及人道人事。“《易》又天道焉，而不可以日月星辰尽称也，故为之以阴阳；又地道焉，不可以水火金土木尽称也，故律之以柔刚；又人道焉，不可以父子君臣夫妇先后尽称也，故要之以上下。”④ 如熊十力所言，体用之义，创发于《易经》。“体”“用”二字出现在《易经·系辞传》，即“阴阳合德，而刚柔有体，以体天地之撰，以通神明之德”（《系辞下传》）、“显诸仁，藏诸用，鼓万物而不与圣人同忧，盛德大业，至矣哉！”（《系辞上传》）。⑤ 阴阳道用显示出生生不息之仁德，蕴藏着其不同的功用，化育万物。

《易经·系辞上传》曰：“一阴一阳之谓道。继之者善也，成之者性也。仁者见之谓之仁，知者见之谓之知，百姓日用而不知，故君子之道鲜矣！”⑥ 任何事物都有阴有阳，然而一般人却难以以阴阳之道体观察事物。“道，犹路也。人物各循其性之自然，则其日用事物之间，莫不各有当行之路，是则所谓道也。”⑦ 天地万物皆经道而来来往往。

---

① 杨伯峻：《论语译注》，中华书局，2017年版，第101页。
② 杨伯峻：《论语译注》，中华书局，2017年版，第54页。
③ 廖名春：《帛书〈周易〉论集》，上海古籍出版社，2008年版，第388页。
④ 廖名春：《帛书〈周易〉论集》，上海古籍出版社，2008年版，第389页。
⑤ 寇方墀：《全本周易导读本》，中华书局，2018年版，第427页。
⑥ 寇方墀：《全本周易导读本》，中华书局，2018年版，第427页。
⑦ 朱熹：《四书章句集注》，中华书局，2011年版，第19页。

"道者，天地人物之通理。"[①] 因而"道是动态的，一定要带一个行程，浩浩大道"。[②] 路有左右、东西、南北，定有两面。朱熹将道视为事物日用所遵循之天理，然并未明言天道之阴阳，尽管朱熹知晓凡物皆有两端，如小大厚薄之类。百姓确实日常体用此道，只是并不懂得在用他而已。

"一阴一阳之谓道"这一论断承认事物的两重性，要求人们从相反相成的两个方面去观察事物的性质。道"非阴阳，而是不落阴阳的阴阳之统"，[③] 是矛盾的统一体。"阴阳是气，不是道，一阴一阳才叫作道。照儒家说，到处是阴阳，但并不是说阴阳是道。"[④] 在庞朴先生看来，儒家所理解的一阴一阳之道，不在哪一本专门谈论辩证法的著作中，而在他们所标榜的善行中、人性中、仁中、智中，乃至常人"行之而不著焉，习矣而不察焉，终身由之而不知"（《孟子·尽心上》）[⑤] 的日常动作中。[⑥] 儒家之所以顺阴阳，在于以阴阳之道为体。《姚江学案》有"即体即用、即用即体"之语。熊十力神悟《易经》，返本孔子，创立体用不二之宗。"中国学术思想其源出于《大易》，哲学在宇宙论中所以无唯心、唯物之分裂者，盖自伏羲画卦已立三大原则，心物问题实早已解决，不容树异帜也。三大原则者：一、体用之辩。二、阴阳成变。三、本隐之显。"[⑦] 道体时用不二也。王阳明之弟子泰州王艮（号心斋）倡"淮南格物"之说，言"百姓日用即道"。"道永远是生生不已的。道一动就是一，一当中就有二；一动就有阴有阳，就有正而有反面出来了。"[⑧]

---

① 王夫之：《船山遗书》（第12册），中国书店出版社，2016年版，第9页。
② 牟宗三：《周易哲学演讲录》，华东师范大学出版社，2004年版，第55页。
③ 罗炽：《方以智评传》，南京大学出版社，2001年版，第164页。
④ 牟宗三：《周易哲学演讲录》，华东师范大学出版社，2004年版，第55页。
⑤ 杨伯峻：《孟子译注》，中华书局，2016年版，第335页。
⑥ 庞朴：《儒家精神：听庞朴讲传统文化》，中国华侨出版社，2014年版，第43页。
⑦ 熊十力：《原儒》，上海古籍出版社、上海书店出版社，2019年版，第247—248页。
⑧ 南怀瑾：《易经系辞别讲》，复旦大学出版社，2002年版，第132页。

一、导读

万事万物相交错而曲当乎道，然道乃阴阳之中和、相反相成的法则也。“道是不可见的，阴阳是用，就着用以见体，通过用了解这个道。”① 阴阳道体时用是《易经》的精髓，也是中华儒家文化的基本精神。

（一）道本

阴阳相反相成，生化万物，变化无穷，正是在这一动态变化过程中呈现出道来。“中国思想中最崇高的概念似乎是道。所谓行道、修道、得道，都是以道为最终的目标。思想与情感两方面的最基本的原动力似乎也是道。成仁赴义都是行道；凡非迫于势而又求心之所安而为之，或不得已而为之，或知其不可而为之的事，无论其直接的目的是仁是义，或是孝是忠，而间接的目标都是行道。……万事万物之所不得不由，不得不依，不得不归的道才是中国思想中最崇高的概念，最基本的原动力。”② 明确阐明阴阳道体与变用的文献是儒家五经之首的《易经》中的《系辞传》，以此体现了孔子研究《易经》的心得。“《易经》玄思代表儒家之理智的俊逸。”③ 因而若要把握中华儒家文化的精神，仅读《论语》《孟子》《大学》与《中庸》是不够的，需要熟读弄懂《系辞传》，以此领悟中华儒家文化的根本精神，达到善占而不卜的境界。“阴阳有时候代表固定的东西，有时候又代表不固定的。刚与柔、动与静都是抽象的名词，也可以说是实体的名词。实体也好，抽象也好，都是人为的假定。”④ 阴阳虽分，而实互相含，“阴阳之本

---

① 牟宗三：《周易哲学演讲录》，华东师范大学出版社，2004 年版，第 111 页。
② 金岳霖：《论道》，中国人民大学出版社，2010 年版，第 17 页。
③ 牟宗三：《周易哲学演讲录》，华东师范大学出版社，2004 年版，第 7 页。
④ 南怀瑾：《易经系传别讲》，复旦大学出版社，2002 年版，第 182 页。

不二。”① 大道合外内，贯一多，以通神明，类万物。正如方以智所言：“总是一以二用，两即藏参。”“两即藏三，谓对错中藏一，而三为错综之端矣。”大道为本源，万殊为末流。在邵雍看来，“道为太极”（大一也），“太极生两仪”（即一生二）。“一阴一阳虽然是有正有反，但是调和正反的，不是矛盾的统一而是均衡。一阴一阳要达到调和、均衡，便得了道，不均衡便不得道。”②

《系辞传》蕴含着《中庸》的义理，以效法天地之道而正人。“《易经》学问系统的精神，可以说是在推崇这个仁智，‘仁’的智慧，是成就圣人的境界。圣人是个名称，是学问、德业修养达到成就标准的人。所以圣人也是人，不过他与一般人不同，是具有仁智最高境界的人。”③ 天地万物各有其道，然道之本一也。荀子言称：“万物同宇而异体，无宜而有用为人，数也。人伦并处，同求而异道，同欲而异知，生也。”④ 宋儒承继周秦汉之道论，进而以道体为要。程颐在诠释《论语》时提出“道体”的概念，即“‘子在川上，曰逝者如斯夫’，言道之体如此，这里须是自见得”⑤。程颐曰：“此道体也。天运而不已，日往则月来，寒往则暑来，水流而不息，物生而不穷，皆与道为体，云乎昼夜，未尝已也。是以君子法之，自强不息。及其至也，纯亦不已焉。”万事万物皆与道为体，“无物不有，无时不然”。⑥ 北宋儒学集大成者朱熹在其编定的《近思录》首章即为“道体”，后在《中庸章句》中言称：“大本者，天命之性，天下之理皆由此出，道之体也。达道者，循性之谓，天下古今之所共由，道之用也。”⑦ 朱熹门人蔡沈曰：“非一则不能成两，非两则不能致一，两者可知而一者难知也，两者可见而一者难见也。”

---

① 方以智撰，庞朴注：《东西均注释（外一种）》，中华书局，2016 年版，第 56 页。
② 南怀瑾：《易经系辞别讲》，复旦大学出版社，2002 年版，第 109 页。
③ 南怀瑾：《易经系辞别讲》，复旦大学出版社，2002 年版，第 89 页。
④ 楼宇烈：《荀子新注》，中华书局，2018 年版，第 170 页。
⑤ 程颢、程颐：《二程集》，中华书局，1981 年版，第 251 页。
⑥ 朱熹：《四书章句集注》，中华书局，2011 年版，第 20 页。
⑦ 朱熹：《四书章句集注》，中华书局，2011 年版，第 20 页。

阴阳乃天之根本，柔刚乃地之根本，仁义乃人之根本。“黄帝曰：阴阳者，天地之道也，万物之纲纪，变化之父母，生杀之本始，神明之府也。治病必求于本。”① 白昼为阳、黑夜为阴；昼起日升，阴阳更迭，故立天之道曰阴阳。地载物丰，非柔即刚，故立地之道曰刚柔。济人利物，扶危济急，故立人之道曰仁义。“君子体仁，足以长人；……利物足以和义。”② 君子以仁进德，则受人尊敬和拥戴；使物各得其宜，则和于道，理于义。为人以仁，为事以义，取象体道，以道取义，反映出内仁外义相应的问题，以内仁外义指导人的道德行为，遵循天道而与天道相合。“君子敬以直内，义以方外，敬义立而德不孤。”③ 君子效法地道，内心诚敬正直，将仁扩充于外为义，立己达人。像天道阴阳，地道刚柔一样，人道之仁义也是相反相成的对立统一或矛盾的范畴。

在庞朴先生看来，作为儒家文化两个最基本的范畴，仁义本身是一对相反相成的范畴。《易经·说卦》曰：“昔者圣人之作《易》也，将以顺性命之理。是以立天之道曰阴与阳，立地之道曰柔与刚，立人之道曰仁与义。”④ 儒家以仁义为人立足于天地之间的法则和根本，以成谦谦君子。“仁以爱人，主于柔。义以制事，主于刚。”⑤ 周公言称：“《易》有一道，大足以守天下，中足以守其国家，小足以守其身。‘谦’之谓也。”⑥ 尤其是孔子主张“仁者爱人，仁者得天下”“仁爱天下”体现了人道与天道相符合而达天人合一的境界。孔子观天道而立人道，推天道以明人事，强调“君子务本，本立而道生”（《论语·学而篇》）⑦。

---

① 郭蔼春：《黄帝内经素问白话解（上册）》，中国中医药出版社，2012 年版，第 31 页。

② 寇方墀：《全本周易导读本》，中华书局，2018 年版，第 26 页。

③ 寇方墀：《全本周易导读本》，中华书局，2018 年版，第 43 页。

④ 寇方墀：《全本周易导读本》，中华书局，2018 年版，第 455 页。

⑤ 高亨：《周易大传今注》，齐鲁书社，2009 年版，第 539 页。

⑥ 胡道静等：《周易十讲（增补本）》，上海人民出版社，2003 年版，第 210 页。

⑦ 杨伯峻：《论语译注》，中华书局，2017 年版，第 2 页。

陈献章上承周敦颐的太极之说，借鉴朱子的理本之说，兼容张载的气本之说，倡导“以道为本”“道通万物”。道为天地万物之本源。陈献章在《仁术论》中指出，“天道至无心，比其着于两间者，千怪万状，不复有可及。至巧矣，然皆一元之所为。”[①] 天地间千事万物皆由道所造就。道之成物至巧至妙，浑然天成，而且物存有道，道不离物。“物囿于形，道通于物，有目者不得见也。”[②] 道别于有形之物，但道贯藏于物中。因而“一方面物因得道，而成为物；另一方面，道则因通于物而得以存。宇宙间，没有无道之物，也没有离物之道，正是有形之物与无形之道构成了大千世界”。[③] 物外无道，道物一也。

任何事都要以道为本、为体、为要，必有好坏、利弊、善恶。一分为二，合二为一。“自万有之合而为道而言之，道一，自万有之各有其道而言之，道无量。”[④] 君子需要把握善恶之道体，隐恶扬善，均平天下国家。“天地之道，贞观者也；日月之道，贞明者也；天下之动，贞夫一者也。”[⑤] 阴阳天道、刚柔地道要以符合其正道的方式加以观察；天下事物之动用，皆统一而合于道正。孔子曰“吾道以一贯之”（《论语·里仁篇》）[⑥]，然而曾子将孔子之道解释为忠恕之道。君子志于道，“朝闻道，夕死可矣”（《论语·里仁篇》）[⑦]。孔子曰：“道二，仁与不仁而已矣。”（《孟子·离娄上》）[⑧] 此道乃人之仁道，是分而言之之道。“天道下济而光明，地道卑而上行。天道亏盈益谦，地道变盈流谦，鬼神害盈福谦，人道恶盈好谦。谦尊而光，卑而不可逾，‘君子’之终也。”[⑨] 唐朝崔憬言称：“损有余以补不足，天之道”，“满招损，谦受益，人之道”。“儒家说这个宇宙能继续下去，靠仁，仁是个

---

① 陈献章：《陈献章集》，中华书局，1987 年版，第 57 页。
② 陈献章：《陈献章集》，中华书局，1987 年版，第 56 页。
③ 黄明同：《明代心学开篇者：陈献章》，上海古籍出版社，2013 年版，第 120 页。
④ 金岳霖：《论道》，中国人民大学出版社，2010 年版，第 18 页。
⑤ 廖名春：《〈周易〉经传十五讲》，北京大学出版社，2004 年版，第 271 页。
⑥ 杨伯峻：《论语译注》，中华书局，2017 年版，第 54 页。
⑦ 杨伯峻：《论语译注》，中华书局，2017 年版，第 51 页。
⑧ 杨伯峻：《孟子译注》，中华书局，2016 年版，第 177 页。
⑨ 寇方墀：《全本周易导读本》，中华书局，2018 年版，第 121 页。

生道。生而又生永远不停止，生生不息后面的根据是仁。这是最高的道德。”①

阴阳相反相成之道仅是形而上意义上的道，但需要形而下的具体的实际的意义，因而“显诸仁，藏诸用”。“客观地讲的抽象的道通过仁与用去具体表现，通过一个生命来彰显它。”② 仁的生命实践彰显出道来，蕴藏着道之大用，体现为仁义之人道。“仁者，人也，亲亲为大。义者，宜也，尊贤为大。”③ 中华儒家文化尊乾道法坤道，以成圣贤君子。“照《论语》讲，就是践仁知天，下学而上达，上达就是知天，通过实践把仁道体现出来，你就可以知天道。这个就是儒家道德形而上学的义理。”④ 世间有阴必有阳，有善必有恶，有是必有非。善恶是非仁义并非是绝对的。圣人以阴阳之道为本体，察言、观变、制器、占卜。“君子不器”，要有两把刷子，就是要有阴阳之道体。

（二）时用

道既有本，亦有用，是本体之道、应用之道。“本体是寂然不动的，它起的作用，就是‘用与象’。每一个现象都是相对的正反两个力量而成，天下万事万物都是相对的。”⑤ 道之时用并无定论，需要人为调整而加以均衡。“在用上能见其体，在体上不能见其用，一归到‘体’，‘用’就宁静了。”⑥ 阴阳之道易而无穷，然万物生于一，一分为二，阴阳相对，刚柔相摩，变在其中。明朝医学家张景岳言：“所谓一分为二者，是生两仪也。太极动而生阳，静而生阴；天生于动，地生于静；阳为阴之偶，阴为阳之基；以体而言为天地，以用而言为乾坤，以道而言为阴阳；一动一静，互为其根，分阴分阳，两仪立焉。是为有象之始，因形以寓气，因气以化神，而为后天体象之祖也。”此

---

① 牟宗三：《周易哲学演讲录》，华东师范大学出版社，2004 年版，第 36 页。
② 牟宗三：《周易哲学演讲录》，华东师范大学出版社，2004 年版，第 68 页。
③ 王国轩：《大学中庸》，中华书局，2016 年版，第 105 页。
④ 牟宗三：《周易哲学演讲录》，华东师范大学出版社，2004 年版，第 22 页。
⑤ 南怀瑾：《易经系辞别讲》，复旦大学出版社，2002 年版，第 116 页。
⑥ 南怀瑾：《易经系辞别讲》，复旦大学出版社，2002 年版，第 121 页。

谓阴阳之中，复有阴阳，刚柔之中，复有刚柔，为对待之体。阴阳相对相反。孤阴不生，独阳不长。“变通者，趣时者也。”① 天地万物有阴有阳，因时而常变。在牟宗三看来，儒家的灵魂是天地万物均“乾道变化，各正性命”。乾道本身并非在变化，而是“道在阴阳的生长过程这个变化中显现成‘乾道变化’”。② 万事万物随时随地都在变化，并非一成不变，有进有退。

大道具有阴阳两重性，统摄万事万物，归道于时用势行。宇宙间太阳、月亮、星星随时转动而无片刻之静止。万事万物以道法自然，因时而变用为评判标准。儒家以道讲生成终始之变化。“终始是很重要的观念，《易经》的哲学就是终始哲学，终始是发展的终始（process of becoming）。”③ 由此儒家以刚健与变动为时之功用，因时而变通为人道之用。“变通莫大呼四时。”④ 阴阳之道与天地相应而生化万物，然而没有阴阳道体的对立统一，就没有变化。“变动不居，周流六虚，上下无常，刚柔相易，不可为典要，唯变所适。”⑤ 刚柔时刻在相摩、激荡。两个彼此不同的事物相互矛盾、相互摩擦，才生化许多不同的现象。“精义入神，以至用也；利用安身，以崇德也。过此以往，未之或知也；穷神知化，德之盛也。”⑥ 世人精研义理，出神入化，尊道而行以致用；以仁义之道适当运用，身安命立，以志道而化以崇德，“承天而时行”。⑦

人道效法自然，依时而变，随时而变。方以智言：“太极也，精一也，时中也，混成也，环中也，真如也，圆相也，皆一心也，皆一宗也，因时设施异耳。”⑧ “时中”出自《易经·蒙卦》“蒙亨，以亨行时

---

① 寇方墀：《全本周易导读本》，中华书局，2018 年版，第 440 页。
② 牟宗三：《周易哲学演讲录》，华东师范大学出版社，2004 年版，第 13 页。
③ 牟宗三：《周易哲学演讲录》，华东师范大学出版社，2004 年版，第 28 页。
④ 廖名春：《〈周易〉经传十五讲》，北京大学出版社，2004 年版，第 261 页。
⑤ 廖名春：《〈周易〉经传十五讲》，北京大学出版社，2004 年版，第 264 页。
⑥ 廖名春：《〈周易〉经传十五讲》，北京大学出版社，2004 年版，第 269 页。
⑦ 寇方墀：《全本周易导读本》，中华书局，2018 年版，第 40 页。
⑧ 方以智撰，庞朴注释：《东西均注释》（外一种），人民出版社，2016 年版，第 54 页。

中也。”[①]《礼记·中庸》有云：“君子之中庸也，君子而时中。”[②] 清朝惠栋在《汉易学·易尚时中说》中指出，“易道深矣！一言以蔽之曰：时中。”“‘时中’的特点就是‘存’（肯定）与‘泯’（否定）同时存在。即亦此亦彼，非此非彼的一种状态。其所以如此，是因为他们彼此抱摄了对方而轮转不已，所谓‘观玩环中，原始反终，古今一呼吸也’。”[③] 在牟宗三看来，儒家道德形而上学的纲领是“先天而天弗违，后天而奉天时”。“《大易》之道，通内圣外王而一贯，广大如天地无不覆载，变通如四时迁运无穷。”[④] 由于时空的不同，善恶是非的标准也不一样。“形而上的道，是没有善恶是非的，形而下的用，就有善恶是非了。”[⑤]

据《论语·乡党篇》记载，孔子告诉子路：“时哉！时哉！”[⑥] 可见时在中华儒家文化思想中占有重要地位。“人生一切，个人小事也好，国家大事也好，都要把握时机。还有“位”——环境。《易经》的重点，就在这里。天下万事万物都在变，随时在变，没有不变的事，时间一分一秒在变，空间随时随地在变。所以孔子经常在《易经》中提到时空的变。”[⑦] 了不起的人才如若不逢其时，就会怀才不遇。“贵贱无常，时使物然。”正所谓“夫遇不遇者，时也”。至圣先师孔子不得其时，也形如丧家之犬，但仍坚守其明知不可为而为之的精神。“君子博学深谋而不遇时者众矣。”“修道立德，不为穷困而败节。”[⑧] 人生十有八九不如意，难逢其时。穷困时必独善其身，得其时则兼济天下。

---

① 寇方墀：《全本周易导读本》，中华书局，2018 年版，第 55 页。

② 胡平生著，张萌译注：《礼记》，中华书局，2017 年版，第 1008 页。

③ 罗炽：《方以智评传》，南京大学出版社，2001 年版，第 158 页。

④ 熊十力：《原儒再印记》，《原儒》，上海古籍出版社、上海书店出版社，2019 年版，第 1 页。

⑤ 南怀瑾：《易经系辞别讲》，复旦大学出版社，2002 年版，第 118 页。

⑥ 杨伯峻：《论语译注》，中华书局，2017 年版，第 154 页。

⑦ 南怀瑾：《论语别裁》，《南怀瑾选集（第一卷）》，复旦大学出版社，2003 年版，第 168 页。

⑧ 杨朝明等：《孔子家语通解》，齐鲁书社，2009 年版，第 244 页。

在朱熹看来，中意指不偏不倚，无过不及，是平常不变之理。“中者，不偏不倚，无过不及之名。庸，平常也。子程子曰：‘不偏之谓中，不易之谓庸。’”（朱熹《中庸章句》）[①] 孔子称之为“圣之时”也。然而理学并不参悟，将其解为不偏不倚，而且朱熹将庸解释为不易，实乃错误至极。“不过这些学说，须得完全一致，成立一套整个的体系，然后‘举而措天下之民’。因此我们可以知道世界上唯一无二的真理，只有中庸的辩证法和辩证法的中庸论了。经世学就是从它反映出来的。”[②] 正如“《论语》以狂狷为中行的起点，就是教人该狂的狂，该狷的狷，绝不是不狂不狷，更不是半狂半狷”。[③] 为人或狂或狷，或刚或柔，或文或质，必须因时而执中，“时止则止，时行则行。动静不失其时，其道光明”（《易经·艮卦·彖辞》）[④]。“相济的意思，不是参杂，——因为舍狂狷无中行，舍宽严无中道——乃是适宜，所以‘时措之宜也’，是中庸的基本条件。”[⑤] 因时而变，伺机而动。贾雨村口吟联语“玉在椟中求善价，钗于奁内待时飞”，以喻待时而为。好雨知时节，当春乃发生。“当其可之谓时。”（《礼记·学记》）[⑥] 儒家强调奉时而修己治人、明道救世，知往察来，引领变化，把握变化，跟随变化，明知其不可为而为之。“任何事情，一个很好的计划，太早或太迟提出来都不能实现，一定要在恰好的时间提出来才能做到，而且是双重因素，除了时间，还有位置。”[⑦] 待时“义则进，否则奉身而退”。[⑧] 曾国藩晓明天时，自谓“时未可为，虽圣哲亦终无成；时可为，则事半而功倍也；皆天也”。

道本时用强调立足于两端对立而欲求其一致之合，以此经世致用。

---

① 朱熹：《大学中庸章句》，中国社会出版社，2013 年版，第 22 页。

② 萧一山：《曾国藩传》，海南出版社，2001 年版，第 84 页。

③ 萧一山：《曾国藩传》，海南出版社，2001 年版，第 83、84 页。

④ 寇方墀：《全本周易导读本》，中华书局，2018 年版，第 337 页。

⑤ 萧一山：《曾国藩传》，海南出版社，2001 年版，第 84 页。

⑥ 胡平生著，张萌译注：《礼记》，中华书局，2017 年版，第 703 页。

⑦ 南怀瑾：《易经杂说》，复旦大学出版社，2002 年版，第 121 页。

⑧ （春秋）左丘明撰，（晋）杜预集解，李梦生整理：《春秋左传集解》，凤凰出版社，2010 年版，第 519 页。

"'两'是一种事物由内在的矛盾而发展的现象，如偏执其一端而用之，则不免阻碍了它的进程。所以必须把握事物对立之两端，而用其一致之中合。合虽代表一种新的事物、新的境界，然而在事物的发展历程里，'中'非单独存在的实体，所以'中'不能执而能用。"[①] 不但要因时而合正，也要因地、因势而合正，无法千篇一律地持中和之道，否则亦是偏执一端也。

二、选编评述

（一）原文选编

系辞上传[②]

第一章

天尊地卑，乾坤定矣。卑高以陈，贵贱位矣。动静有常，刚柔断矣。方以类聚，物以群分，吉凶生矣。在天成象，在地成形，变化见矣。

是故刚柔相摩，八卦相荡。鼓之以雷霆，润之以风雨。日月运行，一寒一暑。乾道成男，坤道成女。

乾知大始，坤作成物。乾以易知，坤以简能。易则易知，简则易从。易知则有亲，易从则有功。有亲则可久，有功则可大。可久则贤人之德，可大则贤人之业。易简，而天下之理得矣。天下之理得，而成位乎其中矣。

第二章

圣人设卦观象，系辞焉而明吉凶。刚柔相推，而生变化。是故，

① 萧一山：《曾国藩传》，海南出版社，2001 年版，第 83 页。
② 寇方墀：《全本周易导读本》，中华书局，2018 年版，第 423—438 页。

吉凶者，失得之象也；悔吝者，忧虞之象也。变化者，进退之象也；刚柔者，昼夜之象也。六爻之动，三极之道也。

是故，君子所居而安者，《易》之序也。所乐而玩者，爻之辞也。是故，君子居则观其象而玩其辞，动则观其变而玩其占，是以“自天佑之，吉无不利”。

第三章

彖者，言乎象者也；爻者，言乎变者也。吉凶者，言乎其失得也；悔吝者，言乎其小疵也；无咎者，善补过也。

是故，列贵贱者存乎位，齐小大者存乎卦，辩吉凶者存乎辞，忧悔吝者，存乎介，震无咎者，存乎悔。是故卦有小大，辞有险易。辞也者，各指其所之。

第四章

《易》与天地准，故能弥纶天地之道。仰以观于天文，俯以察于地理，是故知幽明之故；原始反终，故知死生之说；精气为物，游魂为变，是故知鬼神之情状。

与天地相似，故不违；知周乎万物而道济天下，故不过；旁行而不流，乐天知命，故不忧；安士敦乎仁，故能爱。

范围天地之化而不过，曲成万物而不遗，通乎昼夜之道而知，故神无方而《易》无体。

第五章

一阴一阳之谓道。继之者善也，成之者性也。仁者见之谓之仁，知者见之谓之知，百姓日用而不知，故君子之道鲜矣！

显诸仁，藏诸用，鼓万物而不与圣人同忧，盛德大业，至矣哉！富有之谓大业，日新之谓盛德。生生之谓易。成象之谓乾，效法之谓坤。极数知来之谓占，通变之谓事。阴阳不测之谓神。

第六章

夫《易》，广矣大矣！以言乎远则不御，以言乎近则静而正，以言乎天地之间则备矣。夫乾，其静也专，其动也直，是以大生焉；夫坤，其静也翕，其动也辟，是以广生焉。广大配天地，变通配四时，阴阳之义配日月，易简之善配至德。

第七章

子曰："《易》其至矣乎！夫《易》，圣人所以崇德而广业也。知崇礼卑，崇效天，卑法地。天地设位，而《易》行乎其中矣。成性存存，道义之门。"

第八章

圣人有以见天下之赜（zé），而拟诸其形容，象其物宜，是故谓之象。圣人有以见天下之动，而观其会通，以行其典礼，系辞焉以断其吉凶，是故谓之爻。言天下之至赜而不可恶也，言天下之至动而不可乱也。拟之而后言，议之而后动，拟议以成其变化。

"鸣鹤在阴，其子和之；我有好爵，吾与尔靡之。"子曰："君子居其室，出其言善，则千里之外应之，况其迩者乎？居其室，出其言不善，则千里之外违之，况其迩者乎？言出乎身，加乎民；行发乎迩，见乎远。言行，君子之枢机。枢机之发，荣辱之主也；言行，君子之所以动天地也，可不慎乎？"

"同人先号口兆而后笑。"子曰："君子之道，或出或处，或默或语。二人同心，其利断金。同心之言，其臭如兰。"

"初六，藉用白茅，无咎。"子曰："苟错诸地而可矣，借之用茅，何咎之有？慎之至也。夫茅之为物薄，而用可重也。慎斯术也以往，其无所失矣。"

"劳谦，君子有终，吉。"子曰："劳而不伐，有功而不德，厚之至也。语以其功下人者也。德言盛，礼言恭，谦也者，致恭以存其位者也。"

“亢龙有悔。”子曰：“贵而无位，高而无民，贤人在下位而无辅，是以动而有悔也。”

“不出户庭，无咎。”子曰：“乱之所生也，则言语以为阶。君不密则失臣，臣不密则失身，几事不密则害成。是以君子慎密而不出也。”

子曰：“作《易》者其知盗乎？《易》曰：‘负且乘，致寇至。’负也者，小人之事也；乘也者，君子之器也。小人而乘君子之器，盗思夺之矣；上慢下暴，盗思伐之矣。慢藏诲盗，冶容诲淫。《易》曰：‘负且乘，致寇至。’盗之招也。”

第九章

天一地二，天三地四，天五地六，天七地八，天九地十。天数五，地数五，五位相得而各有合。天数二十有五，地数三十，凡天地之数五十有五，此所以成变化而行鬼神也。

大衍之数五十，其用四十有九。分而为二以象两，挂一以象三，揲之以四以象四时，归奇于扐以象闰，五岁再闰，故再扐而后挂。

乾之策二百一十有六。坤之策百四十有四。凡三百有六十，当期之日。二篇之策，万有一千五百二十，当万物之数也。

是故四营而成易，十有八变而成卦。八卦而小成。引而伸之，触类而长之，天下之能事毕矣。

显道神德行，是故可与酬酢，可与佑神矣。子曰：“知变化之道者，其知神之所为乎？”

第十章

易有圣人之道四焉，以言者尚其辞，以动者尚其变，以制器者尚其象，以卜筮者尚其占。

是以君子将以有为也，将有行也，问焉而以言，其受命也如响，无有远近幽深，遂知来物。非天下之至精，其孰能与于此！

参伍以变，错综其数。通其变，遂成天下之文；极其数，遂定天下之象。非天下之至变，其孰能与于此！

《易》无思也，无为也，寂然不动，感而遂通天下之故。非天下之至神，其孰能与于此！

夫《易》，圣人之所以极深而研几也。惟深也，故能通天下之志；惟几也，故能成天下之务；惟神也，故不疾而速，不行而至。子曰："《易》有圣人之道四焉"者，此之谓也。

第十一章

子曰："夫《易》何为者也？夫《易》开物成务，冒天下之道，如斯而已者也。"是故，圣人以通天下之志，以定天下之业，以断天下之疑。

是故蓍之德圆而神，卦之德方以知，六爻之义易以贡。圣人以此洗心，退藏于密，吉凶与民同患。神以知来，知以藏往，其孰能与于此哉？古之聪明睿知神武而不杀者夫！

是以明于天之道，而察于民之故，是兴神物以前民用。圣人以此斋戒，以神明其德夫！

是故阖户谓之坤，辟户谓之乾。一阖一辟谓之变，往来不穷谓之通。见乃谓之象，形乃谓之器，制而用之谓之法，利用出入，民咸用之谓之神。

是故《易》有太极，是生两仪，两仪生四象，四象生八卦。八卦定吉凶，吉凶生大业。

是故法象莫大乎天地；变通莫大乎四时；悬象著明莫大乎日月；崇高莫大乎富贵；备物致用，立功成器以为天下利，莫大乎圣人；探赜索隐，钩深致远，以定天下之吉凶，成天下之亹（mén）亹者，莫大乎蓍龟。

是故天生神物，圣人则之；天地变化，圣人效之；天垂象，见吉凶，圣人象之；河出图，洛出书，圣人则之。《易》有四象，所以示也；系辞焉，所以告也；定之以吉凶，所以断也。

第十二章

《易》曰："自天佑之，吉无不利。"子曰："佑者，助也。天之所助者，顺也。人之所助者，信也。履信思乎顺，又以尚贤也，是以'自天佑之，吉无不利'也。"

子曰："'书不尽言，言不尽意'。然则圣人之意，其不可见乎？"

子曰："圣人立象以尽意，设卦以尽情伪，系辞焉以尽其言，变而通之以尽利，鼓之舞之以尽神。"

乾坤其《易》之缊邪？乾坤成列，而《易》立乎其中矣；乾坤毁，则无以见《易》；《易》不可见，则乾坤或几乎息矣。

是故形而上者谓之道，形而下者谓之器，化而裁之谓之变，推而行之谓之通，举而措之天下之民谓之事业。

是故夫象，圣人有以见天下之赜，而拟诸其形容，象其物宜，是故谓之象。圣人有以见天下之动，而观其会通，以行其典礼，系辞焉以断其吉凶，是故谓之爻。极天下之赜者存乎卦；鼓天下之动者存乎辞；化而裁之存乎变；推而行之存乎通；神而明之存乎其人；默而成之，不言而信，存乎德行。

系辞下传①

第一章

八卦成列，象在其中矣；因而重之，爻在其中矣；刚柔相推，变在其中矣；系辞焉而命之，动在其中矣。

吉凶悔吝者，生乎动者也；刚柔者，立本者也；变通者，趣时者也。

吉凶者，贞胜者也；天地之道，贞观者也；日月之道，贞明者也；天下之动，贞夫一者也。

夫乾，确然示人易矣；夫坤，隤（tuí）然示人简矣。爻也者，效

① 寇方墀：《全本周易导读本》，中华书局，2018年版，第440—453页。

此者也；象也者，像此者也。爻象动乎内，吉凶见乎外，功业见乎变，圣人之情见乎辞。

天地之大德曰生，圣人之大宝曰位。何以守位？曰仁。何以聚人？曰财。理财正辞，禁民为非曰义。

第二章

古者包牺氏之王天下也，仰则观象于天，俯则观法于地，观鸟兽之文，与地之宜，近取诸身，远取诸物，于是始作八卦，以通神明之德，以类万物之情。作结绳而为网罟，以佃以渔，盖取诸《离》。

包牺氏没，神农氏作，斫木为耜，揉木为耒，耒耨（nòu）之利，以教天下，盖取诸《益》。

日中为市，致天下之民，聚天下之货，交易而退，各得其所，盖取诸《噬嗑》。

神农氏没，黄帝、尧、舜氏作，通其变，使民不倦，神而化之，使民宜之。《易》穷则变，变则通，通则久。是以“自天佑之，吉无不利”。黄帝、尧、舜，垂衣裳而天下治，盖取诸《乾》《坤》。

刳（kū）木为舟，剡（yǎn）木为楫，舟楫之利，以济不通，致远以利天下，盖取诸《涣》。

服牛乘马，引重致远，以利天下，盖取诸《随》。

重门击柝，以待暴客，盖取诸《豫》。

断木为杵，掘地为臼，杵臼之利，万民以济，盖取诸《小过》。

弦木为弧，剡木为矢，弧矢之利，以威天下，盖取诸《睽》。

上古穴居而野处，后世圣人易之以宫室，上栋下宇，以待风雨，盖取诸《大壮》。

古之葬者，厚衣之以薪，葬之中野，不封不树，丧期无数，后世圣人易之以棺椁，盖取诸《大过》。

上古结绳而治，后世圣人易之以书契，百官以治，万民以察，盖以诸《夬》。

第三章

是故《易》者，象也；象也者，像也；彖者，材也；爻也者，效天下之动者也。是故吉凶生而悔吝著也。

第四章

阳卦多阴，阴卦多阳，其故何也？阳卦奇，阴卦偶。其德行何也？阳一君而二民，君子之道也；阴二君而一民，小人之道也。

第五章

《易》曰："憧憧往来，朋从尔思。"子曰："天下何思何虑？天下同归而殊途，一致而百虑，天下何思何虑？日往则月来，月往则日来，日月相推，而明生焉。寒往则暑来，暑往则寒来，寒暑相推，而岁成焉。往者，屈也，来者信也。屈信相感，而利生焉。尺蠖之屈，以求信也；龙蛇之蛰，以存身也。精义入神，以致用也；利用安身，以崇德也。过此以往，未之或知也。穷神知化，德之盛也。"

《易》曰："困于石，据于蒺藜，入于其宫，不见其妻，凶。"子曰："非所困而困焉，名必辱；非所据而据焉，身必危。既辱且危，死期将至，妻其可得见邪？"

《易》曰："公用射隼于高墉之上，获之，无不利。"子曰："隼者，禽也；弓矢者，器也；射之者，人也。君子藏器于身，待时而动，何不利之有？动而不括，是以出而不获，语成器而动者也。"

子曰："小人不耻不仁，不畏不义，不见利不劝，不威不惩。小惩而大诫，此小人之福也。《易》曰：'屦校灭趾，无咎。'此之谓也。"

"善不积，不足以成名；恶不积，不足以灭身。小人以小善为无益而弗为也，以小恶为无伤而弗去也，故恶积而不可掩，罪大而不可解。《易》曰：'何校灭耳，凶。'"

子曰："危者，安其位者也；亡者，保其存者也；乱者，有其治者也。是故君子安而不忘危，存而不忘亡，治而不忘乱，是以身安而国家可保也。《易》曰：'其亡其亡，系于包桑。'"

子曰："德薄而位尊，知小而谋大，力小而任重，鲜不及矣！《易》曰：'鼎折足，覆公𫗧其形渥，凶。'言不胜其任也。"

子曰："知几其神乎？君子上交不谄，下交不渎，其知几乎！几者，动之微，吉凶之先见者也。君子见几而作，不俟终日。《易》曰：'介于石，不终日，贞吉。'介如石焉，宁用终日？断可识矣！君子知微知彰，知柔知刚，万夫之望。"

子曰："颜氏之子，其殆庶几乎？有不善，未尝不知；知之，未尝复行也。《易》曰：'不远复，无只悔，元吉。'"

"天地絪缊，万物化醇。男女构精，万物化生。《易》曰：'三人行，则损一人；一人行，则得其友。'言致一也。"

子曰："君子安其身而后动，易其心而后语，定其交而后求。君子修此三者，故全也。危以动，则民不与也；惧以语，则民不应也；无交而求，则民不与也；莫之与，则伤之者至矣。《易》曰：'莫益之，或击之。立心勿恒，凶。'"

第六章

子曰："乾坤，其《易》之门邪？乾，阳物也。坤，阴物也。阴阳合德而刚柔有体，以体天地之撰，以通神明之德。其称名也，杂而不越。于稽其类，其衰世之意邪？"

"夫《易》，彰往而察来，而微显阐幽。开而当名辨物，正言断辞则备矣。其称名也小，其取类也大；其旨远，其辞文，其言曲而中，其事肆而隐。因贰以济民行，以明失得之报。"

第七章

《易》之兴也，其于中古乎？作《易》者，其有忧患乎？

是故《履》，德之基也；《谦》，德之柄也；《复》，德之本也；《恒》，德之固也；《损》，德之修也；《益》，德之裕也；《困》，德之辨也；《井》，德之地也；《巽》，德之制也。

《履》，和而至；《谦》，尊而光；《复》，小而辨于物；《恒》，杂而不厌；《损》，先难而后易；《益》，长裕而不设；《困》，穷而通；《井》，居其所而迁；《巽》，称而隐。

《履》以和行；《谦》以制礼；《复》以自知；《恒》以一德；《损》以远害；《益》以兴利；《困》以寡怨；《井》以辨义；《巽》以行权。

第八章

《易》之为书也不可远，为道也屡迁。变动不居，周流六虚，上下无常，刚柔相易，不可为典要，唯变所适。其出入以度，外内使知惧。又明于忧患与故，无有帅保，如临父母。初率其辞，而揆其方，既有典常。苟非其人，道不虚行。

第九章

《易》之为书也，原始要终以为质也。六爻相杂，唯其时物也。其初难知，其上易知，本末也。初辞拟之，卒成之终。若夫杂物撰德，辨是与非，则非其中爻不备。噫！亦要存亡吉凶，则居可知矣。知者观其彖辞，则思过半矣。

二与四同功而异位，其善不同；二多誉，四多惧，近也。柔之为道，不利远者，其要无咎，其用柔中也。三与五，同功而异位，三多凶，五多功，贵贱之等也。其柔危，其刚胜邪！

第十章

《易》之为书也，广大悉备；有天道焉，有人道焉，有地道焉。兼三才而两之，故六。六者非它也，三才之道也。道有变动，故曰爻；爻有等，故曰物；物相杂，故曰文；文不当，故吉凶生焉。

第十一章

《易》之兴也，其当殷之末世，周之盛德邪？当文王与纣之事邪？是故其辞危。危者使平，易者使倾。其道甚大，百物不废。惧以终始，其要无咎，此之谓《易》之道也。

第十二章

夫乾，天下之至健也，德行恒易以知险；夫坤，天下之至顺也，德行恒简以知阻。能说诸心，能研诸侯之虑，定天下之吉凶，成天下之亹亹者。是故变化云为，吉事有祥，象事知器，占事知来。天地设位，圣人成能，人谋鬼谋，百姓与能。

八卦以象告，爻彖以情言。刚柔杂居，而吉凶可见矣。变动以利言，吉凶以情迁。是故爱恶相攻而吉凶生，远近相取而悔吝生，情伪相感而利害生。凡《易》之情，近而不相得则凶，或害之，悔且吝。

将叛者，其辞惭；中心疑者，其辞枝；吉人之辞寡；躁人之辞多；诬善之人，其辞游；失其守者，其辞屈。

（二）简述短评

《系辞传》不仅文字很美，而且蕴含天地人三才之大道，以通论取象乾坤为天地，取义为刚柔、健顺。孔子阐明阴阳天道、刚柔地道，以此明吉凶悔吝四象，讲做人做事的道理、人的价值。儒家孔孟思想皆源自《易经》，始于乾坤之道。1842 年 9 月 18 日，曾国藩在《致诸弟书》中言："天下万事万理，皆出于乾坤二卦，即以作字论之，纯以神行，大气鼓荡，脉络周通，潜心内转，此乾道也。结构精巧，向背有法，修短合度。此坤道也。凡乾以神气言，凡坤以形质言；礼乐不可斯须去身，即此道也。"阴阳相摩、刚柔相推而生变化，乃道本时用。阴阳相配、刚柔相济方能有所成就。明朝医学家张景岳言："是小事不可轻，小人不可慢，而调和相济，以一成功之道，存乎其中矣。以变化言之，则物生谓之化，物极谓之变；阴可变为阳，阳可变为阴。"在牟宗三看来，张载熟读《系辞传》，从中萌生思想，言称"太和之谓道"，主张通过太和来了解道。然而陆九渊只是熟读《孟子》，对《系辞传》并无兴趣。朱熹也对《系辞传》并不了解，只能了解《大学》。圣人以道体时用探讨事物义理及其变易法则，也以此探求事物变易之时势以治理天下，教化百姓。君子则静观其象，玩其爻辞，动则观其通变，玩其占卜，从中体会琢磨圣人之道，可囊括无咎。百姓研阴阳之道，习时用之术，以成圣人之能。牟宗三由此感叹："一个时代能表现道谈何容易呢？一个时代能实现一点真理，表现一点光明呀难上又难。"①

三、经史参照

孔子中道时行

孔子承先王之圣明而集大成，立内圣外王之大义，述为万世开太平之大道。"孔子以人道弘天道，从天地万物浑然一体处立命。故有裁成辅相之功，不以孤往独善为道也。"② 在春秋之际人均寿命不到45岁的社会变革时期，鲁哀公十六年（公元前479年）夏四月己丑日，孔子73岁病逝。孔子69岁时，儿子孔鲤死了；71岁时，其爱徒颜回死了；72岁时，子路先他而亡。"大上有立德，其次有立功，其次有立言，虽久不废，此之谓不朽。"③ 固然按照公孙豹此所谓的"三不朽"，孔子立功不如立言，立言不如立德。如《唐子西文录》所载，蜀道馆舍壁间题一联云："天不生仲尼，万古如长夜。"孔子学无常师，博采众长，在修身、为师、为政等践行中和之道。"中庸就是反正之合，绝不是折中之半，所以孔子能见'天下之动而观其会通'，能创'周乎万物'的中庸之道，能集老、墨、法三家之大成，而为中国文化的代

① 牟宗三：《周易哲学演讲录》，华东师范大学出版社，2004年版，第112页。

② 熊十力：《原儒》，上海古籍出版社、上海书店出版社，2019年版，第11页。

③ （春秋）左丘明撰，（晋）杜预集解，李梦生整理：《春秋左传集解》，凤凰出版社，2010年版，第502页。

表人物。”[1] 孔子述而不作实乃“根底无易其固，而裁断必出于己”[2]。

孔子“祖述尧舜，宪章文武”，谨遵承继尧帝、舜帝、周文王、周武王的中道。《史记·五帝本纪》云：“帝喾溉执中而遍天下。”尧舜时代便有“允执其中”的思想。[3] 孔子所尊崇的圣王舜帝能够“好问而好察迩言，隐恶而扬善，执其两端，用其中于民”。据清华竹简的《保训篇》记载，周文王临终以舜帝“求中”“得中”训诫太子发，以中处事。后来周武王以“维中是以”以求后人维和永宁。“天道尚左，日月西移；地道尚右，水道东流；人道尚中，耳目役心。”[4] 周人不仅尚中行中，而且以礼守中。“天道曰祥，地道曰义，人道曰礼。”[5] 人道要识辩中礼与失礼之分，使自己的行为符合中道。孔子“晚而喜《易》，作《易传》，对哲学思想进行了具体阐发，他‘中庸”的方法论观点也臻于成熟”[6]。只有真正懂得中道时用，才能真正理解孔子与中华儒家文化。孔子“叩其两端”，权衡变通，以中道时用为至德，“过犹不及”。中正大道至简至易，然而世人真正把握和做到中道时用并不那么容易，需要庶物之理的知识和境界。孔子曰：“中庸之为德也，其至矣乎！民鲜久矣。”（《论语·雍也》）[7] 中道必因时间、空间而变化，体现为暂时的动态平衡，与时中行。如若孔子并不中道择行，也会或偏于狂，或偏于狷。孔子曰：“不得中行而与之，必也狂狷乎！狂者进取，狷者有所不为也。”（《论语·子路》）[8] 孔子中道时用既要执中守正，执两用中，因时持中，权变致中。孔子曰：“力不足者，中

---

① 萧一山：《曾国藩传》，海南出版社，2001 年版，第 59 页。

② 王元化：《序：读熊十力札记 》，熊十力：《原儒》，上海书店出版社，2009 年版，第 6 页。

③ 张居正：《张居正讲评尚书》，上海辞书出版社，2013 年版，第 36 页。

④ 黄怀信等：《逸周书汇校集注（上册）》，上海古籍出版社，2007 年版，第 309 页。

⑤ 黄怀信等：《逸周书汇校集注（上册）》，上海古籍出版社，2007 年版，第 310 页。

⑥ 杨朝明：《孔子的“中道”哲学及其意义》，《邯郸学院学报》，2013 年第 3 期，第 28 页。

⑦ 杨伯峻：《论语译注》，中华书局，2017 年版，第 92 页。

⑧ 杨伯峻：《论语译注》，中华书局，2017 年版，第 199 页。

道而废。”（《论语·雍也》）[1] 并不讲原则的为中而中的做法是“乡愿”“德之贼”（《论语·阳货》）[2]。

孔子不仅以中道为自己的思想方法，而且将其视为自己的行为准则。大家周知的是，《论语》首篇首章即为子曰：“学而时习之，不亦说乎？有朋自远方来，不亦乐乎？人不知而不愠，不亦君子乎？”[3] 一般的是理解为三个不同的主题，即学了而时时地复习，有朋友自远方来，人不知道自己，也不愤怒。然而此篇既然讨论为学，那可否从为学的主体之一为师加以理解呢？其中关键在于时、朋以及知的字义。如同春生夏长秋收冬藏一样，古代春夏秋冬四时有不同的为学内容，因而首句意为“从师学来后而四时地行之”。同门为朋，同道为友，因而意语有学子不远千里前来求师学艺。然知时常通假字为智，因而第三句为学子没有学明白，没有增长智慧而老师却没有生气、恼怒，没有怒其不争。可以说，此首章谈及为学中教师与学生互动，教学相长的中和之道。

再者，孔子的生活之中处处见其中和的处事方式。孔子经由郑国时，与弟子走失，自立东门等待。子贡问路，郑人对子贡说：“东门外有一人焉，其长九尺有六寸，河目隆颡；其头似尧，其颈似皋繇，其肩似子产；然自腰已下，不及禹者三寸。累累若丧家之狗。”[4] 子贡以实告孔子。孔子欣然笑曰：“形状末也，如丧家之狗，然乎哉！然乎哉！”[5] 此处，孔子中和智慧尽显，并不否认自己外形上如丧家之狗，然却将视其为末，实将自己的内心君子之道视为本。可谓“物有本末，事有终始”，“君子务本，本立而道生”。郑人看到外形的一个方面，然而孔子在别人提及此时却想及内心的另一面，而且将外形与内心以本末的中和之道加以权衡，体现出其一生“明知其不可为而为之”的

---

① 杨伯峻：《论语译注》，中华书局，2017 年版，第 84 页。
② 杨伯峻：《论语译注》，中华书局，2017 年版，第 264 页。
③ 杨伯峻：《论语译注》，中华书局，2017 年版，第 1 页。
④ 杨朝明等：《孔子家语通解》，齐鲁书社，2013 年版，第 270 页。
⑤ 杨朝明等：《孔子家语通解》，齐鲁书社，2013 年版，第 270 页。

精神追求。

孔子在任职司寇期间，掌管诉讼和社会治安，做了三件值得深思的事：其一为夹谷会盟，其二为杀少正卯（当然南宋朱熹认为孔子并没有杀少正卯），其三为拆除鲁国贵族季孙、叔孙、孟孙三家私邑的城墙。择其二而述之。[①]

鲁定公十年，鲁定公与齐景公会盟于夹谷。孔子随同襄礼。据《孔子家语》的《相鲁》篇记载，定公与齐侯会于夹谷，孔子摄相事，曰："臣闻有文事者，必有武备。有武事者，必有文备，古者诸侯并出疆，必具官以从，请具左右司马。"[②] 至会所，为坛位土阶三等，以遇礼相见，揖让而登，献酢既毕，齐使莱人以兵鼓謲劫定公。孔子历阶而进，以公退曰："士以兵之，吾两君为好，裔夷之俘，敢以兵乱之，非齐君所以命诸侯也，裔不谋夏，夷不乱华，俘不干盟，兵不偪好，于神为不祥，于德为愆义，于人为失礼，君必不然。"[③] 齐侯心怍，麾而避之。有顷，齐奏宫中之乐，俳优侏儒戏于前。孔子趋进历阶而上，不尽一等，曰："匹夫荧侮诸侯者，罪应诛，请右司马速刑焉。"[④] 于是斩侏儒，手足异处。齐侯惧，有惭色。……齐侯归，责其群臣曰："鲁以君子道辅其君，而子独以夷狄道教寡人，使得罪。"[⑤] 于是乃归所侵鲁之四邑，及汶阳之田。如《司马法》所言，"国虽大，好战必亡；天下安，忘战必危。"[⑥] 武备不可废，废则受辱。因而孔子曰："存不忘亡，治而不亡乱。是以身安而国家可保也。"（《易经·系辞下传》）[⑦] "国君，文足昭也，武可畏也，则有备物之飨以象其德。"[⑧]

---

① 匡亚明：《孔子评传》，齐鲁书社，1984 年版。
② 杨朝明等：《孔子家语通解》，齐鲁书社，2013 年版，第 4 页。
③ 杨朝明等：《孔子家语通解》，齐鲁书社，2013 年版，第 4 页。
④ 杨朝明等：《孔子家语通解》，齐鲁书社，2013 年版，第 4 页。
⑤ 杨朝明等：《孔子家语通解》，齐鲁书社，2013 年版，第 4 页。
⑥ 陈曦、陈铮铮译：《司马法》，中华书局，2017 年版，第 13 页。
⑦ 寇方墀：《全本周易导读本》，中华书局，2018 年版，第 445 页。
⑧ （春秋）左丘明撰，（晋）杜预集解，李梦生整理：《春秋左传集解》，凤凰出版社，2010 年版，第 207 页。

“仁而无武，无能达也。”[①] 枪杆子里面出政权。

孔子以中和之道修己达人，然在礼崩乐坏的历史语境下生不逢时，难以一贯践行。“可惜孔子未得用于当时，而七十子之徒，又人各异说，正如荀子所言为俗儒、贱儒、伪儒者。自此中庸之道，经世之学，遂湮没而不彰了。”[②] 秦汉以后学者精钻训诂考据，宋明因佛老之影响而有静虚无为的理学，直至明末遗民痛思亡国之恨，力图翻本开新求源经世明道的学问，尽管其间王阳明返归孟子之良知，倡知行合一，导事上磨炼，然仍挽救中华中和文化之颓局。“孔子以中庸之道，怀救民之心，张三世之义，综老法之术，执两用之中，乃造成大一统的中国文化。”[③] 孔子集先王之大成，会通尧、舜至文、武之政教等载籍足以垂范后世的实用派，伏羲初画八卦是为穷神智化且与辩证法之导源的哲理派，[④] 倡行内圣外王之道，为儒学乃至中国文化奠定宏伟基业。

孔子为鲁摄相，朝七日，因“聚徒成群”“饰邪营众”而惩罚、讨伐少正卯。门人进问曰：“夫少正卯鲁之闻人也，夫子为政而始诛之，得无失乎？”孔子曰：“居！吾语女其故。人有恶五者而盗窃不与焉：一曰心达而险，二曰行辟而坚，三月言伪而辩，四曰记丑而博，五曰顺非而泽。此五者，有一于人，则不得免于君子之珠，而少正卯兼有之；故居处足以聚徒成群，言谈足以饰邪营众，强足以反是独立，此小人之桀雄也，不可不诛也。”[⑤]

为政当防小人巧言惑众，结党营私，否则必有小人成群之忧。“少正卯是当时很有影响的人物，但他利口善辩，粉饰邪恶，行为邪僻，思想凶险，很容易迷惑众人，危害社会。于是，孔子在宫门前的望楼下，公开批驳少正卯的言行，从思想上以正视听，教育民众。”[⑥] 因而

---

① （春秋）左丘明撰，（晋）杜预集解，李梦生整理：《春秋左传集解》，凤凰出版社，2010 年版，第 284 页。

② 萧一山：《曾国藩传》，海南出版社，2001 年版，第 60 页。

③ 萧一山：《曾国藩传》，海南出版社，2001 年版，第 60 页。

④ 熊十力：《原儒》，上海古籍出版社、上海书店出版社，2019 年版，第 17 页。

⑤ 楼宇烈：《荀子新注》，中华书局，2018 年版，第 576 页。

⑥ 杨朝明、宋立林：《孔子之道与中国信仰》，当代中国出版社，2018 年版，第 35 页。

为政必行先王之道，以圣贤教化民众，对百姓要慎用刑罚，不可不教而惩罚。尽管孔子主张为政以德，但并不盲目反对齐之以刑，反而强调宽猛相济，德主邢辅，“以刑教中”（《周礼·地官司徒》）。[①] 此谓“圣人之治，化也，必刑政相参焉。太上以德教民，而以礼齐之，其次以政焉。导民以刑，禁之刑，不刑也。化之弗变，导之弗从，伤义以败俗，于是乎用刑矣”。[②]

① 杨天宇：《周礼译注》，上海古籍出版社，2016 年版，第 198 页。
② 杨朝明等：《孔子家语通解》，齐鲁书社，2013 年版，第 355 页。

第三章

儒家文化之诚正

《大学》

《大学》是中华儒家文化的代表性文献之一，相传为孔子的学生曾子（曾参）所著，以大道统领明德、亲民、止于至善三纲，以至诚正心通达格物、致知、诚意、正心、修身、齐家、治国、平天下八目。“以统摄天人之际、为天地万物总体的功能，名之为道。道的本能，自然具备有一阴一阳，正反相成相制的作用。在阴阳正反的相互衍变中，各有各的同等功用，无所谓阳善阴恶、或阴善阳恶，这两者的功用，都是‘至善’的。”① 《大学》之道是道统心法，在于明德以修己，亲民以仁人，至善以极理，由此尽显人道，诚心立志。“性善是根据《易经》的《系传》而来，大学之道是根据乾卦《文言》与《系传》而来。”②

对此，熊十力认为，《大学》确立了内圣外王的至高准则，由此体道、修学、致治、位天地、育万物、赞化育。“《大学》范围天地之化而不过，曲成万物而不遗，此为常道不可易。”③ 尤其是《大学》的八目阐述了知行、诚正、心物之间的关系，即以格物致知之行以达修齐治平之志，需以诚意、正心之法才能达格物致知、修齐治平之境。“格物而不务致良知，即难言诚正。”④ 诚意、正心上通格物致知，下达修齐治平，处于中枢的地位，起到通达的作用。诚意先于正心，至诚为本为要。虽然人之本在于心，但是更重要的是心之致用，然而心之用在于人之意，因为人之意上下通达心物。

一、导读

天地万物皆属于外物，即使有生命的人身也并不例外，同样是外物。作为身心之外物，“你更无法永远据为己有呢！所以当你现在拥有

---

① 南怀瑾：《原本大学微言》，复旦大学出版社，2017 年版，第 114 页。
② 南怀瑾：《易经系辞别讲》，复旦大学出版社，2002 年版，第 118 页。
③ 熊十力：《读经示要》，上海书店出版社，2009 年版，第 1 页。
④ 熊十力：《读经示要》，上海书店出版社，2009 年版，第 2 页。

此身，就要好好的‘诚意’‘正心’去使用它，为己为人，做一番自利利他‘明德’的功德”。[1] 如《孝经》所言，“身体发肤，受之父母”，生命本身内含着己与他的规定性关系，因而人人当以诚意正自己之孝心，立身行道，尊显父母，从而至于至孝之事理。儒家文化从心物之辩的角度以心物一体的观念将器物层面的生命以及精神层面的生性融合贯通在一起。

（一）至诚

至诚是内圣之学的精髓。修身、齐家、治平在于自守其命，自养其性，因而需要至诚以守人道、用人伦的本分，明德立己，亲民立人。“‘诚’字，是包括专一、安定、无私、明净的意义。”[2] 孔子主张以诚孝齐家治天下，达至诚至圣的境界。子游问孝时孔子答曰：“今之孝者，是谓能养。至于犬马，皆能有养。不敬，何以别乎！”[3] 光有养而无诚敬诚爱并非至孝真孝。孝养父母，对人对事，要有真正至诚的敬重心态，才是仁道。正如孟子所言：“食而弗爱，豕交之也；爱而不敬，兽畜之也。恭敬者，币之未将者也。恭敬而无实，君子不可虚拘。”[4] 对人仅有爱心是不够的，如若没有恭敬至诚的心态，那还是没有把人当人看，像饲养动物一样。“如没有恭敬仁爱之心，只是形式上的孝、形式上的爱养，那是大有问题的。”[5] 如若仅仅徒有恭敬之外表，却没有至诚至实的恭敬心，君子不应为之，而应有内在的诚敬之心。孟子曰：“悦亲有道，反身不诚，不悦于亲也。诚身有道，不明乎善，不诚其身矣。是故诚者，天之道也；思诚者，人之道也。至诚而不动者，未之有也；不诚，未有能动者也。”[6] 人要学天道之诚。修身为学为政皆需以诚为本。

---

① 南怀瑾：《原本大学微言》，复旦大学出版社，2017 年版，第 109—110 页。
② 南怀瑾：《原本大学微言》，复旦大学出版社，2017 年版，第 174 页。
③ 南怀瑾：《南怀瑾选集（第 1 卷）》，复旦大学出版社，2003 年版，第 81 页。
④ 杨伯峻：《孟子译注》，中华书局，2016 年版，第 354 页。
⑤ 南怀瑾：《孟子与尽心篇》，东方出版社，2014 年版，第 108 页。
⑥ 杨伯峻：《孟子译注》，中华书局，2016 年版，第 186 页。

君子为善为道者，必寻求达到天道的至诚。《荀子》曰："君子养心莫善于诚，致诚而无他事矣，唯仁之为守，唯义之为行。……天不言而人推高焉，地不言而人推厚焉，四时不言而百姓期焉，夫此有常，以至其诚者也。……夫诚者，君子之所守也，而政事之本也。"[①] 天地以至诚化万物，圣人以至诚化万民，因而至诚无物，须有内心的诚敬，诚意地坚守。"诚者物之终始，不诚无物。" "惟天下至诚能尽天下性。""诚者天之道也，诚之者人之道也。"（《中庸》）[②] 儒家文化以至诚为本，旨在成己成物，在己物统一的过程中"合外内之道"。诚者不自欺，自谦，慎独，"著诚去伪，礼之经也。"（《礼记·乐记》）[③] 礼在于显扬至诚之情，去除巧伪之弊。知人者智，自知者明，然而世人往往苦于并不自知，昧于未萌。人人要诚有自知之明，以明心、见道、得道。

宋代理学开创者周敦颐言"诚者，圣人之本"、"诚，五常之本，百行之源也"[④]。张载言"阴阳合一存乎道，性与天道合一存乎诚"、"天所以长久不已之道，乃所谓诚。仁人孝子所以事天诚身，不过不已于仁孝而已。故君子诚之为贵"。[⑤] 由此，王夫之言称"阴阳、动静、幽明、屈伸，诚有之而神行焉，礼乐之精微存焉，鬼神之化裁出焉，仁义之大用兴焉，治乱、吉凶、生死之数准焉"。[⑥] 宋朝理学家程颐、程颢、朱熹倡导孔孟儒学的"主敬""存诚"的进德之法、修身之学。阳明先生断言，"无所不中，然后谓之大本；无所不和，然后谓之达道；惟天下之至诚，然后能立天下之大本。"[⑦] 诚意是修身致用之学问的大头脑处，正所谓"诚以待人，无物上格"。阳明先生视"诚意"为圣门教人用功第一要义，以纠正务外遗内、博而寡要之陋见陋行。

---

① 楼宇烈：《荀子新注》，中华书局，2018 年版，第 40 页。
② 王国轩：《大学中庸》，中华书局，2016 年版，第 111 页。
③ 胡平生等译注：《礼记》，中华书局，2017 年版，第 739 页。
④ 《周敦颐集》，中华书局，2009 年版，第 13、15 页。
⑤ 《张载集》，中华书局，1978 年版，第 20、21 页。
⑥ 王夫之：《船山遗书（第 12 册）》，中国书店，2016 年版，第 8 页。
⑦ 王阳明著，张靖杰译注：《传习录》，江苏凤凰文艺出版社，2015 年版，第 63 页。

“区区格致诚正之说，是就学者本心日用事为间体究践履，实地用功，是多少次第、多少积累在。”①

阳明先生认为诚心诚意地明明德、为善去恶，需要下格物致知的工夫，“若以诚意为主，去用格物致知的工夫，即工夫始有下落”，所谓“大学之要，诚意而已矣；诚意之功，格物而已矣”。“大抵中庸工夫只是诚身，诚身之极便是至诚。大学工夫只是诚意，诚意之极便是至善，工夫总是一般。”② 在阳明先生看来，无论无事或有事，皆为人之独知。如若人仅在共知之处下功夫而非在独知之处上用力，便是作伪而诚身。“唯一靠谱的是回归内心。……外在之理包装得再炫目多彩，不经过与作者同样的心路历程，你永远不可能成为和他们一样的人。……孔子可以告诉你怎么说怎么做，却无法告诉你这么说这么做的心理依据。同‘应该怎样’比起来，‘为何这样，如何这样’更重要、更根本，这需要你自已到心上去求。”③ 在独知处下功夫便是端本澄源、立定立诚、无时无处、无终无始。

修身养心要以“诚意”为主，而不是以格一个个外物的“理”作为功夫的主要着力处。“儒只在分两上较量，所以流入功利。若除去了比较分两的心，各人尽着自已力量精神，只在此心纯乎天理上用功，即人人自有，个个圆成，便能大以成大，小以成小，不假外慕，无不具足。此便是实实落落明善诚身的事。后儒不明圣学，不知就自已心地良知良能上体认扩充，却去求知其所不知，求能其所不能，一味只是希高慕大；不知自已是桀、纣心地，动辄要做尧、舜事业，如何做得！终年碌碌，至于老死，竟不知成就了个甚么，可哀也已！”④ 在南怀瑾看来，每个人都有某个方面的一些灵性，但是这些灵性不能够得到相应的重视时，仍旧不能够达到至诚之境。每个人都能达到至诚如神的境界，但是这样的境界需要自我修养，以致不思而得、不勉而中

① 王阳明著，张靖杰译注：《传习录》，江苏凤凰文艺出版社，2015 年版，第 113 页。

② 王阳明著，张靖杰译注：《传习录》，江苏凤凰文艺出版社，2015 年版，第 106 页。

③ 吕峥：《明朝一哥王阳明》，万卷出版公司，2010 年版，第 137 页。

④ 王阳明著，张靖杰译注：《传习录》，江苏凤凰文艺出版社，2015 年版，第 85 页。

的至诚境界。不论是诸葛亮的选择，还是王阳明对于智慧境界的追求，都是至诚所达到的自然结果。修身养性是通往至诚的阶梯，也是成就大智慧的必经之路。[①]

（二）正心

修齐治平在于正其心，从心上着手下手，而非仅仅修饰外形，因为人的生命是由身心构成的。“身体是生理的、物理的，是生生不已，绵延续绝，是‘生’的功能所呈现。心是心理的、精神的，也是生生不已，绵延续绝，形成‘命’的功能。”[②] 修身养心最基本的、最重要的是所修整的对象是身，所能修养的对象是心。“心是宇宙的本体，万物的主宰，安身立命的根据，衡量是非的标准，大地间诸事诸物，举凡纲常伦理，言行举止，成败荣辱，皆不出于我心。”[③]

道统也在内心而非外形，因而人生难能可贵、最为要紧的是，“就有道而正焉”[④]（《论语·学而篇》），以此正心明德，志于仁道。孔子主张正心立志，以圣贤之心为己之心。正心意在以至诚去体认、外用其心之本体，以改变人心，导向道心，拨乱反正，洗心革面。人心之危在于人心难测，道心之微在于因循本性。佛玄而诞，儒大而正。[⑤] 君子秉持仁爱精神的仁道求富贵，不因富贵而有违仁心。“元者，善之长也”，“即无超于此之善，无再高过的‘至善’，没有比它再善的了。《大学》曰‘止于至善’，即止于元，止于一，止于正。”[⑥] 此谓奉元待时而合一心正。身心正则不令而行，身心不正则虽令不从。

如何正心呢？“蒙以养正，圣功也。”[⑦]（《易经·蒙卦》）“懂得‘正’了，还得知‘养’的方法，才能到‘正’的境界。‘正’，就是

---

① 王颖：《南怀瑾说中庸》，时事出版社，2017 年版，第 169—170 页。
② 南怀瑾：《原本大学微言》，复旦大学出版社，2017 年版，第 120 页。
③ 吕峥：《明朝一哥王阳明》，万卷出版公司，2010 年版，第 135 页。
④ 南怀瑾：《论语别裁》，复旦大学出版社，2003 年版，第 49 页。
⑤ 熊十力：《原儒》，上海古籍出版社、上海书店出版社，2019 年版，第 3 页。
⑥ 爱新觉罗·毓鋆：《毓老师说易经（卷一）》，天地出版社，2018 年版，第 5 页。
⑦ 寇方墀：《全本周易导读本》，中华书局，2018 年版，第 55 页。

性命，‘各正性命’（《易经·乾卦》）。”① 心之所主，志也。“中国人，治国最高境界的心是什么？以什么标准正心？‘加吾王心焉’，以王心为己心。”② 也即，要以崇德之内圣、广业之外王为正心之则。心乱不正则寝食难安，正心以拨乱反正。“心不在焉，视而不见，听而不闻，食而不知其味，此谓修身在正其心。”③ 正心须尽良知之心，尽良知之力，清除良知的锢蔽，破除心中之贼。“良知人人都有，但很多人已无法体认，无法激活那个本然状态的良知。良知不能明觉，其人必将浑浑噩噩，愚昧无知，骗人并遭人骗，害人又被人害，其性格亦将走向偏执狭隘，自私独裁，最终沦为欲望和他人的奴隶，昏聩一生。是为心中之贼。”④

格物以致知正心，存养浩然正气，像阳明先生那样做个矫正时弊的行动者。“王阳明欲矫程朱之枉，不得不过正，不得不用坚定不移的语气告诉世人：判断人生价值的标准不在外部世界，不在官职高低、权势大小，而在你的内心。心安自足、充实强大才是安身之本、成功之基。”⑤ 嘉靖六年（1527 年）王阳明奉命出征广西平思田之乱的途中路过常山，逗留时曾作《长生》诗，即“长生徒有慕，苦乏大药资。名山遍深历，悠悠鬓生丝。微躯一系念，去道日远而。中岁忽有觉，九还乃在兹。非炉亦非鼎，何坎复何离？本无终始究，宁有死生期？彼哉游方士。诡辞反增疑。纷然诸老翁，自传困多岐。乾坤由我在，安用他求为。千圣皆过影，良知乃吾师”⑥。

一切可以从“正心”的力量自能转变，诚谓之“心能传物”。“‘心’是生理、精神合一的代号。既不是如西方哲学所说的‘唯心’，也不是‘唯物’，它是‘心物一元’的名称而已。”⑦ 相类似的是，马

---

① 爱新觉罗·毓鋆：《毓老师说易经（卷一）》，天地出版社，2018 年版，第 16 页。
② 爱新觉罗·毓鋆：《毓老师说易经（卷一）》，天地出版社，2018 年版，第 50 页。
③ 王国轩：《大学中庸》，中华书局，2016 年版，第 27 页。
④ 吕峥：《明朝一哥王阳明》，万卷出版公司，2010 年版，第 162 页。
⑤ 吕峥：《明朝一哥王阳明》，万卷出版公司，2010 年版，第 131 页。
⑥ 王守仁：《王阳明全集（第 3 卷）》，线装书局，2014 年版，第 107 页。
⑦ 南怀瑾：《原本大学微言》，复旦大学出版社，2017 年版，第 208 页。

克思主张“理论一经掌握群众，也会变成物质力量”。[①] 至诚正心而已明内圣之后方成齐家治平之外王，以心物一元一体，不要远心而逐物，以免踏上自我毁灭之他途，陷入迷心逐物的窘境。“所以教育文化的目的，教育文化的伟大，就在要改变人的缺陷，而补充圆满他的遗憾。可惜的是，世间做父母、师长的，真能‘诚心’知道的，‘诚心’牺牲自我为后世社会而造成一个‘真人’的，并不太多。普遍只是想望子成龙、望女成凤，出人头地就好了。只想把自己一生遗憾做不到的希望，要求孩子去完成，真是大错特错。”[②] 经师易得，人师难求，更不用说圣人师、百世师了。

至诚地格物致知，格去心中物欲，周知万物，知止于至善，从而正心修身。意诚而后心正，心正则意诚。“诚字有以工夫说者：诚是心之本体，求复其本体，便是思诚的工夫。”[③] 至诚正心浑然一体而如一，并无二分之别。至诚在于不自欺，返良知之本心，贵在知行合一。“功夫难处，全在格物致知上。此即‘诚意’之事。意既诚，大段心亦自正，身亦自修。但‘正心’‘修身’工夫亦各有用力处，‘修身’是已发边，‘正心’是未发边。心正则中，身修则和。”[④] 由此至诚正心的关键是自己立身处世的大方向，内明学养明德而外用于修身齐家治平，达到尽人之性、尽物之性的内圣外用、道济天下的境界。

二、选编评述

（一）原文选编

◎大学之道，在明明德，在亲民，在止于至善。知止而后有定，定而后能静，静而后能安，安而后能虑，虑而后能得。物有本末，事

① 《马克思恩格斯文集（第1卷）》，人民出版社，2009年版，第11页。
② 南怀瑾：《原本大学微言》，复旦大学出版社，2017年版，第202页。
③ 王阳明著，张靖杰译注：《传习录》，江苏凤凰文艺出版社，2015年版，第97页。
④ 王阳明著，张靖杰译注：《传习录》，江苏凤凰文艺出版社，2015年版，第69页。

有终始。知所先后，则近道矣。

古之欲明明德于天下者，先治其国；欲治其国者，先齐其家；欲齐其家者，先修其身；欲修其身者，先正其心；欲正其心者，先诚其意；欲诚其意者，先致其知；致知在格物。

物格而后知至，知至而后意诚，意诚而后心正，心正而后身修，身修而后家齐，家齐而后国治，国治而后天下平。

自天子以至于庶人，壹是皆以修身为本。其本乱，而末治者否矣。其所厚者薄，而其所薄者厚，未之有也。(《大学·第一章》)

◎此谓知本，此谓知之至也。(《大学·第六章》)

◎所谓诚其意者：毋自欺也。如恶恶臭，如好好色，此之谓自谦。故君子必慎其独也！小人闲居为不善，无所不至，见君子而后厌然，掩其不善，而著其善。人之视己，如见其肺肝然，则何益矣。此谓诚于中，形于外，故君子必慎其独也。曾子曰："十目所视，十手所指，其严乎！"富润屋，德润身，心广体胖，故君子必诚其意。(《大学·第七章》)

◎《诗》云："瞻彼淇澳，菉竹猗猗。有斐君子，如切如磋，如琢如磨。瑟兮僴兮，赫兮喧兮。有斐君子，终不可諠兮！"如切如磋者，道学也；如琢如磨者，自修也；瑟兮僴兮者，恂慄也；赫兮喧兮者，威仪也；有斐君子，终不可喧兮者，道盛德至善，民之不能忘也。

《诗》云："於戏！前王不忘。"君子贤其贤而亲其亲，小人乐其乐而利其利，此以没世不忘也。(《大学·第四章》)

◎《康诰》曰："克明德。"《大甲》曰："顾諟天之明命。"《帝典》曰："克明峻德。"皆自明也。(《大学·第二章》)

◎汤之《盘铭》曰："苟日新，日日新，又日新。"《康诰》曰：

"作新民。"《诗》曰："周虽旧邦，其命惟新。"是故君子无所不用其极。（《大学·第三章》）

◎《诗》云："邦畿千里，惟民所止。"《诗》云："缗蛮黄鸟，止于丘隅。"子曰："于止，知其所止，可以人而不如鸟乎！"《诗》云："穆穆文王，于缉熙敬止！"为人君，止于仁；为人臣，止于敬；为人子，止于孝；为人父，止于慈；与国人交，止于信。（《大学·第四章》）

◎子曰："听讼，吾犹人也。必也使无讼乎！"无情者不得尽其辞。大畏民志，此谓知本。（《大学·第五章》）

◎所谓修身在正其心者，身有所忿懥，则不得其正；有所恐惧，则不得其正；有所好乐，则不得其正；有所忧患，则不得其正；心不在焉，视而不见，听而不闻，食而不知其味。此谓修身在正其心。（《大学·第八章》）

◎所谓齐其家在修其身者，人之其所亲爱而辟焉，之其所贱恶而辟焉，之其所敬畏而辟焉，之其所哀矜而辟焉，之其所敖惰而辟焉。故好而知其恶，恶而知其美者，天下鲜矣！故谚有之曰："人莫知其子之恶，莫知其苗之硕。"此谓身不修不可以齐其家。（《大学·第九章》）

◎所谓治国必齐其家者，其家不可教而能教人者，无之。故君子不出家而成教于国。孝者，所以事君也；弟者，所以事长也；慈者，所以使众也。《康诰》曰："如保赤子。"心诚求之，虽不中不远矣。未有学养子而后嫁者也。一家仁，一国兴仁；一家让，一国兴让；一人贪戾，一国作乱，其机如此。此谓一言偾事，一人定国。尧、舜率天下以仁，而民从之；桀纣率天下以暴，而民从之。其所令反其所好，而民不从。是故君子有诸己而后求诸人，无诸己而后非诸人。所藏乎身不恕，而能喻诸人者，未之有也。故治国在齐其家。

《诗》云："桃之夭夭，其叶蓁蓁，之子于归，宜其家人。"宜其家人，而后可以教国人。《诗》云："宜兄宜弟。"宜兄宜弟，而后可以教国人。《诗》云："其仪不忒，正是四国。"其为父子兄弟足法，而后民法之也。此谓治国在齐其家。(《大学·第十章》)

◎所谓平天下在治其国者，上老老而民兴孝；上长长而民兴弟；上恤孤而民不倍。是以君子有絜矩之道也。所恶于上，毋以使下；所恶于下，毋以事上；所恶于前，毋以先后；所恶于后，毋以从前；所恶于右，毋以交于左；所恶于左，毋以交于右。此之谓絜矩之道。

《诗》云："乐只君子，民之父母。"民之所好好之，民之所恶恶之，此之谓民之父母。《诗》云："节彼南山，维石岩岩，赫赫师尹，民具尔瞻。"有国者不可以不慎，辟则为天下僇矣。《诗》云："殷之未丧师，克配上帝，仪监于殷，峻命不易。"道得众则得国，失众则失国。是故君子先慎乎德；有德此有人，有人此有土，有土此有财，有财此有用。德者，本也；财者，末也。外本内末，争民施夺。是故财聚则民散，财散则民聚。是故言悖而出者，亦悖而入；货悖而入者，亦悖而出。

《康诰》曰："惟命不于常。"道善则得之，不善则失之矣。《楚书》曰："楚国无以为宝，惟善以为宝。"舅犯曰："亡人无以为宝，仁亲以为宝。"《秦誓》曰："若有一个臣，断断兮无他技，其心休休焉，其如有容焉。人之有技，若己有之。人之彦圣，其心好之，不啻若自其口出，实能容之。以能保我子孙黎民，尚亦有利哉！人之有技，媢疾以恶之；人之彦圣，而违之俾不通，实不能容。以不能保我子孙黎民，亦曰殆哉！"唯仁人放流之，迸诸四夷，不与同中国。此谓唯仁人为能爱人，能恶人。见贤而不能举，举而不能先，命也。见不善而不能退，退而不能远，过也。好人之所恶，恶人之所好，是谓拂人之性，灾必逮夫身。

是故君子有大道：必忠信以得之，骄泰以失之。生财有大道：生之者众，食之者寡，为之者疾，用之者舒，则财恒足矣。仁者以财发身，不仁者以身发财。未有上好仁而下不好义者也，未有好义其事不终者也，未有府库财非其财者也。孟献子曰："畜马乘不察於鸡豚，伐冰之家，不畜牛羊；百乘之家，不畜聚敛之臣。与其有聚敛之臣，宁有盗臣。"此谓国不以利为利，以义为利也。长国家而务财用者，必自小人矣。彼为善之。小人之使为国家，灾害并至。虽有善者，亦无如之何矣！此谓国不以利为利，以义为利也。(《大学·第十一章》)①

(二) 简述短评

《大学》贵在强调以修身、齐家、治国、平天下为大人之志向、道学，笃行知、止、定、静、安、虑、得的功夫，以至诚之心格物致知，下学上达。如《乾卦·文言》所言："夫大人者，与天地合其德，与日月合其明，与四时合其序，与鬼神合其吉凶。先天而天弗违，后天而奉天时，天且弗违，而况于人乎！况于鬼神乎！"人人要尊天地之道，明昼夜之道，守四季之道，持诚敬之道，因常守阴阳自然变化之道而成己成物。士人皆要自立自明自修以求内圣，又要自立而立人、自利而利他以求外王，真正达到修齐治平的德业与至诚至正的境界。

三、经史参照

虞舜诚正之道

虞舜（人称木槿花为舜）名曰重华，生于诸冯（今山东诸城，另一说为今河南濮阳雷泽的姚墟），相传因其母握登感虹而生，耕于历山（又称犁山），卒于鸣条（今河南开封东），东夷之人。《史记·五帝本纪》曰："舜母死，瞽叟更娶妻而生象，象傲。瞽叟爱后妻子，常欲杀舜，舜避逃；及有小过，则受罪。顺事父及后母与弟，日以笃谨，匪

---

① 王国轩译注：《大学中庸》，中华书局，2016年版，第6—42页。

有懈……舜顺适不失子道，欲杀，不可得；即求，尝在侧……舜年二十以孝闻。”[①] 传说虞舜在历山耕种时，“能和以孝”，[②] 其孝感天，大象为其耕，群鸟为其耘。

据时任历正的羲仲向尧帝所言：“此人的出世如梦如幻，像是神话；此人的经历让人闻之热泪难止；此人的德性，如兰如蕙，不啻圣贤。”[③] 尧帝闻之后将娥皇、女英二女嫁给虞舜。《列女传》记载，舜父母、象弟要杀害虞舜的计划被娥皇、女英知道了，却从不以公主自居，尽心孝敬公婆，善待弟弟，尽己本分，帮助虞舜加以防备。瞽叟和象意要杀害舜，先是纵火焚廪，然而虞舜逃离险境，明知圈套，并没有计较，行善如初，以孝悌之诚心感化。然而象并未醒悟，反而又与母亲商量，让父亲安排虞舜挖井。虞舜挖井时先挖了个暗道，后才化险为夷，仍没有与父母弟弟斤斤计较，反而自省自己孝敬父母亲近弟弟不够，“复事瞽叟爱弟弥谨”。[④]

如名联所言，“世事都从忙里错，好人半是苦中来”。舜幼年丧母，历经人世间的磨难，在难以想象的悲惨、屈辱与痛苦中度过童年，谨遵娘嘱，自我保护长大成人，学本领而成为有用的人，孝敬长辈善待他人，“无怨无悔，积极修养自己的道德以达到最高的成就，成为一代圣君。他是一个真正大孝于父母、大孝于天下百姓的大孝子”，[⑤] 乃是治国之大贤。虞舜曰：“维予从欲而治。”[⑥] 因而治理必须因势利导，遵从心之所向，即诚孝诚敬、民不犯法、上不用刑。舜以至诚之心行孝悌之道，为扬善之政。“‘诚’，就是天性本具率真的直道，但人出生后的后天人性，却需要借重学养修行，才能返合于本有具足的自性。”[⑦]

---

① 文天译注：《史记》，中华书局，2016 年版，第 12—13 页。
② 文天译注：《史记》，中华书局，2016 年版，第 7 页。
③ 王金玲：《虞舜大传》，山东文艺出版社，2012 年版，第 29 页。
④ 文天译注：《史记》，中华书局，2016 年版，第 14 页。
⑤ 南怀瑾：《孟子与尽心篇》，东方出版社，2004 年版，第 62 页。
⑥ 楼宇烈：《荀子新注》，中华书局，2018 年版，第 536 页。
⑦ 南怀瑾：《话说中庸》，东方出版社，2015 年版，第 2 页。

《尚书》曰，虞舜“浚哲文明，温恭允塞。玄德升闻，乃命以位”。对此，张居正认为，“常人之有智者，或失之浅露；明者，或过于伺察。惟舜之智，神机默运，不可测识，乃沉深而有智，与那浅露的不同。舜之明，虚灵内照，自有经纬，乃文理而光明，与那伺察的不同。常人恭以持己者，或过于严峻；实以待人者，或出于矫饰。惟舜则和粹而恭敬，其恭也，蔼然可亲，而无严峻之形；诚信而笃实，其实也，表里如一，而无矫饰之意。”[①]

孔子称赞舜为人行事修身处世是富有大智慧的智者，曰“舜其大知也与！舜好问而好察迩言，隐恶而扬善，执其两端，用其中于民，其斯以为舜乎！”[②] 可见，舜好学爱问，因时因事地审察体认日常接触到的俗言俚语，不过于宣扬恶言恶行，反而倡导善行善事，执中权变，诚心为民。“对善恶两者之间，都很清楚，有时必须面对现实，把握善恶之间，妙用权变，作出适于当时当位的中庸之用，这便是虞舜有圣人之道，同时有圣人之才的大智妙用了。”[③] 舜固有圣贤之大才、诚正之格局、成物之情怀。

亚圣孟子曰：“舜之居深山之中，与木石居，与鹿豕游，其所以异于深山之野人者几希；及其闻一善言，见一善行，若决江河，沛然莫之能御也。”[④] 舜“流落在历山的深山中耕种，和野生动物为伍，在林木山石中生活，当然无法接受教育和道德的培养。可是他没有变成野人，不但有学问，还有很高的修养，乃至成为历史上的圣王”。[⑤] 关键是，舜诚心发挥自己的良知良能，居心纯正，闻善言见善行而正己之言行，“无为其所不为，无欲其所不欲”。[⑥]

汉儒贾谊曾言，“舜独有贤圣之名，明君子之实；而我曾无邻里之

---

① 陈生玺:《张居正讲评〈尚书〉皇家读本》，上海辞书出版社，2013 年版，第 10 页。

② 王国轩:《大学·中庸》，中华书局，2016 年版，第 67 页。

③ 南怀瑾:《话说中庸》，东方出版社，2015 年版，第 23 页。

④ 杨伯峻:《孟子译注》，中华书局，2016 年版，第 341 页。

⑤ 南怀瑾:《孟子与尽心篇》，东方出版社，2004 年版，第 60—61 页。

⑥ 杨伯峻:《孟子译注》，中华书局，2016 年版，第 342 页。

闻、宽徇之智者。独何与？然则舜僶俛（mǐn fǔ）而加志，我儃僈（chán màn）而弗省也。”① 虞舜之所以有贤圣之名、君子之实而常人乡邻并无声望，也并非是广博而通达的智者，关键在于虞舜勤勉，笃定心志，然而常人非但并不如此，却既懒散放纵又难以自我省察。虞舜以德治国，辅以刑法，宽柔相济，南巡苍梧，教化三苗，圣德光明。司马迁在《史记》中曰：“天下明德皆自虞帝始。”②

① 贾谊：《新书》，凤凰出版社，2011 年版，第 98 页。
② 文天译注：《史记》，中华书局，2016 年版，第 20 页。

第四章

儒家文化之中和

《中庸》

《中庸》是儒家乃至整个中华传统文化的思想和学问之道，是基于《坤卦·文言》而引申阐发而成的，展现出中国人的方法智慧和道学洞见，是“给人的责任与方法”① 的儒家经典著述。《坤卦·文言》有载，“君子黄中通理，正位居体，美在其中，而畅于四支，发于事业，美之至也!”《象辞上·临》有“大君之宜，行中之谓也”，《象辞下·解》有“九二贞吉，得中道也”。知中和之道，则能神机妙算。“以神机言之，则存乎中者神也，发而中者机也；寂然不动者神也，感而遂通者机也；蕴之一心者神也，散之万殊者机也。”知神知机，执而运之，乃人之神也。

世人往往乡愿式地理解中庸为偏狭的折中，却无法将其理解为在不同时空背景下对相反相成范畴的调整与平衡。“中庸虽说在中国很早就被提了出来，但只有少数人可以自觉自发地将其运用自如，大多数则是迫于强权而不得不做出伪装与妥协。”② 中庸之道不仅是世界观，更是方法论，既可进德修身，也可处事处世、齐家治国。“儒家讲中庸，中庸是最高境界，按孔子、孟子的道理，这个中庸下面一定要有狂、有狷来支持。这个人既不狂也不狷，结果是乡愿。……狂者进取，知不可为而为；狷者有所不为。有所为有所不为，有是非，有道德意识。经过狂狷两精神才达到中庸，这个中庸才是大成化境，这才是圣人境界。否则是乡愿。”③ 郑玄言称，“名曰《中庸》者，以其记中和之为用也。庸，用也。”《说文解字》释义为“庸，用也”。中是道之体，和是道之用。“‘中和’二字，皆道之体用。”④ “中”为一组组相反相成的“对立”与“和合”范畴的动态平衡，“和”则为动态平衡在一定历史阶段所达成的一种暂时性状态。“中”为“和”之本体，“和”即“中”之时用。⑤ 因而有必要强调的是，中和的平衡之道不仅

---

① 爱新觉罗·毓鋆：《毓老师说易经（卷一）》，天地出版社，2018 年版，第 2 页。

② 吕峥：《明朝一哥王阳明》，万卷出版公司，2010 年版，第 17 页。

③ 牟宗三：《周易哲学演讲录》，华东师范大学出版社，2004 年版，第 122 页。

④ 王阳明著，张靖杰译注：《传习录》，江苏凤凰文艺出版社，2015 年版，第 337 页。

⑤ 白云真：《以“中体和用”理念创新国际关系学理论》，《中国社会科学报》，第 1956 期，2020 年 6 月 30 日。

仅是为人至德之仁学的价值观，也是经国济民、治国理政之实学的方法论。中体和用意味着理论性原则与实践性运用的有机结合。《中庸》通篇探讨如何把握中和之道，如何践行中体和用的方法，以达修养学问的中和境界。

一、导读

中和可谓是中华儒家文化乃至传统文化最重要的概念之一。在西安交通大学经管学院特聘教授唐汉看来，“中”在甲骨文和金文中都代表某种古代的旌旗，引申指事物的中心，成为方位名词后又引申出内里、中间之义。[①]“庸”是会意字，从庚从用，意指使用工具来穿通。[②]《说文解字》的“中”，内也，从口；上下通。《说文解字》的“和”，相应也，从口禾声。在唐汉看来，“和”从木从口：木表树木，口表鸟的鸣叫。[③]

阴阳之道是《易经》的核心，也是其“中和”思想的立足点和载体。《说卦传》曰：“易以道阴阳。”阴阳作为事物的两种属性，既是对立的，也是和谐的。阴阳这一矛盾“最后当然还是统一的、中和的。不过西方唯物学家的矛盾统一，是反面的看法；中国的相对是中和的、是从正面来看的。……现在一般东西方的应用逻辑，都是从黑格尔的思想来，多半讲正反和矛盾统一，忘记了东方看正面相对的中和。有中和就有分化，这个均衡的存在，就是‘一阴一阳之谓道’。”[④]《易传》阐释义理，多以“中正”为说，强调“中道”“中行”“得中”等，把天、地、人统一于“阴阳”“刚柔”的交感作用，构成天地、父母、男女等阴阳互求、天人合一的美好图景。《易经》崇尚“中”，

① 唐汉、傅强：《图解汉字的故事》，长江文艺出版社，2017 年版，第 86 页。
② 唐汉：《论语新解》，北京联合出版公司，2016 年版，第 135 页。
③ 唐汉：《论语新解》，北京联合出版公司，2016 年版，第 22 页。
④ 南怀瑾：《易经系辞别讲》，复旦大学出版社，2002 年版，第 116 页。

有“中道”“得中”“行中”等。从爻位来讲，二爻与五爻分居下卦与上卦之中，称为中位。《易经》的卦爻辞中也多有“中”字。在讼卦中，“惕中，吉”“刚来而得中”。

《易经》强调“中正”的思想，与儒家的中庸之道，在本质上是完全一致的。从爻位上来看，中和是指二五两中爻阴阳既当位，又相应，亦称为“太和”，意指阴阳这一对立的力量均衡无偏，处于最佳的统一关系和状态。《礼记·中庸》后来进而将其提炼为价值观、世界观、方法论的层面。“所谓‘喜、怒、哀、乐之未发谓之中’，是指‘情绪’没有发动的境界。换言之，是并未动情，更未引发‘意气’的情况。但人到底是有情的动物，‘无情何必生斯世’，‘天下谁能不动情’，只要‘发乎情，止乎礼义’，‘知止而后有定’，便能做到‘发而皆中节谓之和’了！因此子思把‘中和’的境界和作用，高推到‘天地位焉，万物育焉’的圣境上去，是多么的真善美，而且又很切实于人情的平凡状况，这就是人道的真现实，并不外乎人情。”[①] 中体是天下之正道，和用是天下之定理。正是中体和用的方法论意义对于修养学问之道的魅力所在。

（一）中体

中华儒家文化传统是执两用中，以中正为贵，既是认识论，也是方法论。执两用中也就是在事物的两端之间，并不固守不偏不倚，惟取中正。从认识论的角度看，中正与两端保持等距离，是最完美的均衡状态，无论偏向任何一端，都将破坏均衡，导致偏斜而使原有结构崩塌；从方法论的角度看，中正意味着处事不偏不倚，追求适中与合度，任何的“过度”或“不及”，都无法保持事物的善美状态。孔子曰：“中庸之为德也，其至矣乎！民鲜久矣。”[②] 在唐汉看来，这并非是说民众或大家很久已无此德，而是“正中穿行作为仁德，这是可以

① 南怀瑾：《原本大学微言》，复旦大学出版社，2017 年版，第 122 页。

② 陈晓芬译注：《论语》，中华书局，2016 年版，第 75 页。

至达（实现）的！（但是）民众很久少有（见到）”①。

据《尚书》记载，尧帝传位给大舜时，以“允执厥中”要求遵循中道。舜帝传位给大禹时将其扩展为“人心惟危，道心惟微，惟精惟一，允执厥中”。宋明理学家将其视为从古到今道学的心传。中华传统文化强调，掌握中道，不偏不倚，看问题一定要看到事物的两面，然后以中道来加以平衡。② 儒家文化尤其强调以中为本、保持动态平衡的致中思维。“《中庸》以‘执两用中’为解，教人应知一体之两面——端，是相对的，不是绝对的，万不可执一以害事，必须要因时而制宜。”③ 儒家所谓用中是相对于道体而言的；相对于和之用，中则为本，为体。

喜怒哀乐表现出来时要有节有度，恰如其分，即孔子所讲的“乐而不淫，哀而不伤”。“中者‘在中’，内心之称。庸者用也，通也，感通之谓。中庸之道，非折中之道，乃由内心以感通世界之谓也。”④“中庸不是调和各方面的意见使之适中，或哪里力量强了就往哪里去，这种调和是‘德之贼’，是乡愿。”⑤ 然在熊十力先生看来，“中道之义，汉以来实无正解。”⑥ 然而偏执一端的人白天不懂夜的黑，无法想象黑夜的世界，将白天与黑夜视为两个世界，没有将其视为延伸的关系。“一般人把中字常常误解为两端各取其半，于是成了非禽非兽的蝙蝠、不黑不白的乡愿，这完全是错误的。因为两端各有其极，才算完成一个发展历程，如各取其半，就不成东西了。”⑦

（二）和用

史伯为周王室司徒郑桓公论兴衰时指出，“和实生物，同则不继。

① 唐汉：《论语新解》，北京联合出版公司，2016 年版，第 135 页。
② 楼宇烈：《中华文化的根本精神》，中华书局，2016 年版，第 21 页。
③ 萧一山：《曾国藩传》，海南出版社，2001 年版，第 58 页。
④ 唐君毅：《中国文化之精神价值》，广西师范大学出版社，2005 年版，第 305 页。
⑤ 楼宇烈：《中华文化的根本精神》，中华书局，2016 年版，第 60 页。
⑥ 熊十力：《原儒》，上海古籍出版社、上海书店出版社，2019 年版，第 247 页。
⑦ 萧一山：《曾国藩传》，海南出版社，2001 年版，第 83 页。

以他平他谓之和。”[①] 和意指杂多抑或对立的统一，是相反相成的对立范畴的有机协和，而非单一的抽象统一。“均衡是最好的状态，但是很少，就以我们自己的心身来说也是如此。我们心理方面的思想，没有一个时候是均衡的，不是心里不舒服，就是思想在混乱。”[②] 和是特定时期的暂时的状态。有子曰：“礼之用，和为贵。先王之道，斯为美。小大由之。有所不行，知和而和，不以礼节制，亦不可行也。”（《论语·学而篇》）[③] 中华儒家文化虽然重和合，然而是以礼节之规矩约束为前提的，否则一味地求和则尽失是非观、善恶观，反而不如不和。“怎么叫作执两呢？一切事物的发展，由矛盾而对立，都是相对的，不是绝对的，所谓‘一而二’、‘二而一’者也。譬如精神与物质本为一体之两面，是同时存在的，并非个别存在的。换句话说，就是有物质即有精神，有精神即有物质。”[④] 和的前提是杂多，是一分为二，和的结果是万事万物的生成，是合二为一。[⑤]

中道并非一成不变，反而是随时而变，因而需要因时而权变和用，不可偏执一端。如阳明先生言称：“中只有天理，只是易。随时变易，如何执得？须是因时制宜，难预先定一个规矩在。如后世儒者要将道理一一说得无罅漏，立定个格式，此正是执一。”[⑥] 中和之道以一御万物，并无方体，不可执著，须自家体认，外用于物。若人内心有中和之本体，即使有未发之中时，自然有发而皆中节之和用。“中国哲学以‘中’字代表两端对立一致之合——就是第三个新事物——从整体来观察说明，使发挥‘持盈保泰’的作用，不执一以害事，须因时而制宜，这就是用中的意思，所谓中庸之道是已（庸，用也）。”[⑦]

---

① 陈桐生译注：《国语》，中华书局，2016 年版，第 304 页。

② 南怀瑾：《易经杂说》，复旦大学出版社，2003 年版，第 113—114 页。

③ 陈晓芬译注：《论语》，中华书局，2016 年版，第 7 页。

④ 萧一山：《曾国藩传》，海南出版社，2001 年版，第 82 页。

⑤ 周来祥：《中国的传统文化思想是中和主义》，《文史哲》，1987 年第 4 期，第 35 页。

⑥ 王守仁：《王阳明全集（第 1 卷）》，线装书局，2014 年版，第 46 页。

⑦ 萧一山：《曾国藩传》，海南出版社，2001 年版，第 82 页。

阳明先生认为为学为道须有中和之本原，即“天理亦有个中和处。”中和之道明，则天理之心体明。万事万物皆处于中和。中和之外无理，无事。喜怒哀乐原本是中和的，然普通人不能固有，当然遇事临时也能中节和用。对此，阳明先生认为，“在一时之事，固亦可谓之中和。然未可谓之大本达道。人性皆善。中和是人人原有的。岂可谓无？但常人之心既有所昏蔽，则其本体虽亦时时发见，终是暂明暂灭，非其全体大用矣。无所不中，然后谓之大本，无所不和，然后谓之达道。惟天下之至诚，然后能立天下之大本。”① 人人皆有中和之心，然而普通人因名利私欲而遮蔽，中和本体时而显现，时而隐灭，唯有至诚方能立得住、守得住中和之大本大用。人人需要荡除好名、好利等私心私欲，方能中和而无所偏倚，尽显道义。如戴震在《原善》中指出的，“‘自诚明’者，于其中和，道义由之出；‘自明诚’者，明乎道义中和之分，可渐以几于圣人。”② 人人自然要晓得道义与中和之分别，以道义之正统筹中体和用，去私欲求大公。

总之，如南怀瑾先生所言，“简单明白地说，是以孔颖达所引用汉儒郑玄的解释为最恰当平实。所谓：‘名曰中庸，以其记中和之用也。庸，用也。’《中庸》一书的中心要点，便是子思提出学问修养的主旨，必须先要做到‘中和’的境界，才能明白天人之际心性相关的道体和作用。”③ 从事中体和用之道亦难亦易，在于因时因事而言行、治平，须当时当位而择守。

二、选编评述

（一）原文选编

◎天命之谓性，率性之谓道，修道之谓教。道也者，不可须臾离

① 王守仁：《王阳明全集（第1卷）》，线装书局，2014年版，第50页。

② 戴震：《戴震全书》，黄山书社，1995年版，第25页。

③ 南怀瑾：《话说中庸》，东方出版社，2015年版，第9页。

也，可离非道也。是故君子戒慎乎其所不睹，恐惧乎其所不闻。莫见乎隐，莫显乎微，故君子慎其独也。喜怒哀乐之未发，谓之中；发而皆中节，谓之和。中也者，天下之大本也；和也者，天下之达道也。致中和，天地位焉，万物育焉。（《中庸·第一章》）

◎仲尼曰："君子中庸，小人反中庸。君子之中庸也，君子而时中；小人之反中庸也，小人而无忌惮也。"（《中庸·第二章》）

◎子曰："中庸其至矣乎！民鲜能久矣！"（《中庸·第三章》）

◎子曰："道之不行也，我知之矣：知者过之；愚者不及也。道之不明也，我知之矣；贤者过之，不肖者不及也。人莫不饮食也。鲜能知味也。"（《中庸·第四章》）

◎子曰："道其不行矣夫。"（《中庸·第五章》）

◎子曰："舜其大知也与！舜好问而好察迩言，隐恶而扬善，执其两端，用其中于民，其斯以为舜乎！"（《中庸·第六章》）

◎子曰："人皆曰予知，驱而纳诸罟擭陷阱之中，而莫之知辟也。人皆曰予知，择乎中庸，而不能期月守也。"（《中庸·第七章》）

◎子曰："回之为人也，择乎中庸，得一善，则拳拳服膺而弗失之矣。"（《中庸·第八章》）

◎子曰："天下国家可均也，爵禄可辞也，白刃可蹈也，中庸不可能也。"（《中庸·第九章》）

◎子路问强。子曰："南方之强与？北方之强与？抑而强与？宽柔以教，不报无道，南方之强也，君子居之。衽金革，死而不厌，北方之强也，而强者居之。故君子和而不流，强哉矫！中立而不倚，强哉矫！国有道，不变塞焉，强哉矫！国无道，至死不变，强哉矫！”（《中庸·第十章》）

◎子曰：“素隐行怪，后世有述焉，吾弗为之矣。君子遵道而行，半途而废，吾弗能已矣。君子依乎中庸。遁世不见知而不悔，唯圣者能之。”（《中庸·第十一章》）

◎君子之道费而隐。夫妇之愚，可以与知焉，及其至也，虽圣人亦有所不知焉。夫妇之不肖，可以能行焉，及其至也，虽圣人亦有所不能焉。天地之大也，人犹有所憾。故君子语大，天下莫能载焉；语小，天下莫能破焉。《诗》云：“鸢飞戾天；鱼跃于渊。”言其上下察也。君子之道，造端乎夫妇，及其至也，察乎天地。（《中庸·第十二章》）

◎子曰：“道不远人。人之为道而远人，不可以为道。《诗》云：‘伐柯伐柯，其则不远。’执柯以伐柯，睨而视之，犹以为远。故君子以人治人，改而止。忠恕违道不远，施诸己而不愿，亦勿施于人。君子之道四，丘未能一焉：所求乎子以事父，未能也；所求乎臣以事君，未能也；所求乎弟以事兄，未能也；所求乎朋友先施之，未能也。庸德之行，庸言之谨，有所不足，不敢不勉，有余不敢尽。言顾行，行顾言，君子胡不慥慥尔？”（《中庸·第十三章》）

◎君子素其位而行，不愿乎其外。素富贵，行乎富贵；素贫贱，行乎贫贱；素夷狄，行乎夷狄；素患难，行乎患难。君子无入而不自得焉。在上位，不陵下；在下位，不援上，正己而不求于人，则无怨。上不怨天，下不尤人。故君子居易以俟命，小人行险以徼幸。子曰：“射有似乎君子，失诸正鹄，反求诸其身。”（《中庸·第十四章》）

◎君子之道，辟如行远必自迩，辟如登高必自卑。《诗》曰："妻子好合，如鼓瑟琴。兄弟既翕，和乐且耽。宜尔室家，乐尔妻帑。"子曰："父母其顺矣乎！"（《中庸·第十五章》）

◎子曰："舜其大孝也与！德为圣人，尊为天子，富有四海之内，宗庙飨之，子孙保之。故大德必得其位，必得其禄，必得其名，必得其寿。故天之生物，必因其材而笃焉。故栽者培之，倾者覆之。《诗》曰：'嘉乐君子，宪宪令德。宜民宜人，受禄于天。保佑命之，自天申之。'故大德者必受命。"（《中庸·第十七章》）

◎大哉圣人之道！洋洋乎！发育万物，峻极于天。优优大哉！礼仪三百，威仪三千，待其人而后行。故曰苟不至德，至道不凝焉。故君子尊德性而道问学，致广大而尽精微，极高明而道中庸。温故而知新，敦厚以崇礼。是故居上不骄，为下不倍。国有道其言足以兴，国无道其默足以容。《诗》曰："既明且哲，以保其身"，其此之谓与？[①]（《中庸·第二十七章》）

（二）简述短评

中和是儒家学问方法之大道，而《中庸》记载中和之大用。《中庸》所据为《易经》的《文言》以及《系辞传》等。子思强调修养学问必择善固执，因时持中，要致力于"喜怒哀乐之未发谓之中，发而皆中节谓之和"的中和境界，既能明了道体之大本，又能懂晓济物之大用，以内心"明明德"，外用"亲民"，先身心兼修，后用之于入世行为，以智仁勇三达德真正做到修齐治平的事业。学问修养因时而遵中道并不容易，然而隐恶扬善入世为事执两用中更不容易。尧舜圣人之道必把握阴阳、刚柔、善恶等两端，时用权变。

---

① 王国轩译注：《大学中庸》，中华书局，2016 年版，第 56—129 页。

三、经史参照

国藩中体和用

曾国藩是春秋战国时代曾子的七十世孙，是中国近代政治家、战略家、理学家、文学家，在学问与事功方面颇有成就，时人称之为“圣相”，而备受世人推崇。如中国历史学家萧一山所言，曾国藩在思想上完全以中庸为基础，兼具“为善固执”与“虚怀如谷”的刚柔相济之道，内刚外柔。由此，曾国藩秉承“执两用中”之精神在写字、立身、治学、处世皆因时世而措宜，以“中体西用”坚守民族文化灵魂又革新西洋技术，以求救国救民于亡败之残局，守旧维新，安内攘外，识轻重之分。在萧一山看来，曾国藩恢廓之思想与豁达之态度，不愧为中国文化之代表人物、之理想人物，因超人之领悟人才而为大成之人。之所以有如此赞誉，在于曾国藩在其日记中写了勤读之领悟，即“古今亿万年，无有穷期，人生其间，数十寒暑，仅须臾耳！大地数万里，不可纪极，人于其中，寝处游息，昼则一室耳，夜仅一榻耳！古人书籍，近人著述，浩如烟海，人生目光之所能及者，不过九牛一毛耳！事变万端，美名百途、人生才力之所能办者，不过太仓一粟耳！”在左宗棠看来，曾国藩有“知人之明，谋国之忠”，自愧不如。

尽管曾国藩有褒贬之誉，然一介书生何以完满地收拾洪杨之太平天国。梁启超曾评价，“曾文正者，岂惟近代，盖有史以来不一二睹之大人也已；岂惟中国，抑全世界不一二睹之大人也已。然而文正而非有超群轶伦之天才，在并时诸贤杰中，称最钝拙；其所遭值事会，亦终身在拂逆之中；然乃立德、立功、立言，三不朽，所成就震古铄今而莫与京者，其一生得力在立志自拔于流俗，而困而知，而勉而行，历百千艰阻而不挫屈，不求近效，铢积寸累，受之以虚，将之以勤，植之以刚，贞之以恒，帅之以诚，勇猛精进，坚苦卓绝，如斯而已，如斯而已。”[①] 尽管梁启超在评价上公允，然却未明曾国藩之贡献在于对中国文化的守正创新。道光年间进士、曾国藩的幕僚兼儿女亲家、中国首位驻外使节郭嵩焘，则将曾国藩跻身于屈原、周敦颐、王夫之之列，更看重曾国藩的学问。由此，郭嵩焘在其所撰的《曾文正公墓志》中笔墨叙之："公始为翰林，穷极程朱性道之蕴，博考名物，熟精礼典，以为圣人经世宰物，纲维万事，无他，礼而已矣。浇风可使之醇，敝俗可使之兴，而其精微具存于古圣贤之文章。故其为学，因文以证道，尝言：'载道者身也，而致远者文；天地民物之大，典章制度之繁，惟文能达而传之。'"

相似的是，现代著名历史学家、国学大师钱穆先生在《中国学术通义》一书中谈及曾国藩治学问道时指出："近人多只曰曾氏仅是一文学家，而实曾氏于教人作学问方面，主张义理、考据、辞章、经济四方面兼顾，道路尽开阔，又能作人治学并重——经师人师，不偏倚在一边。"[②] 著名历史学家、外交家蒋廷黻在其《中国近代史》一书中则认为："曾国藩是我国旧文化的代表人物，甚至于理想人物。……他是一个实践主义的理学家。……他和小农民一样，一生一世不作苟且的事情。他知道文章学问道德功业都只有汗血才能换得来，正如小农民知道要得一粒一颗的稻麦都非出汗不可。"[③]

曾国藩的事业成就皆由学问而来，即"'内圣外王''明体达用'的经世之学"。[④] 如曾国藩所自言，"书生自有平成量，地脉何曾独效灵。""平成"，语出《左传·文公十八年》，"舜臣尧，举八恺，使主后土，以揆百事，莫不时序，地平天成。"《尚书·大禹谟》中，"地平天成，六府三事允治，万世永赖，时乃功。"后以"平成"谓万事安排妥帖。曾国藩并不相信命由天定，而是经读书而可改变，反而寻求以苦学求得世事洞明的本事。曾国藩 6 岁时入塾读书，8 岁师从其

① 梁启超：《序》，《曾文正公嘉言钞》，金城出版社，2013 年版，第 4 页。
② 钱穆：《中国学术通义》，九州出版社，2012 年版，第 239 页。
③ 蒋廷黻：《中国近代史》，中华书局，2016 年版，第 43 页。
④ 萧一山：《曾国藩传》，海南出版社，2001 年版，第 25 页。

父，不到两年读完五经。1834年曾国藩提前赴京，准备1835年的会试，但并没有考取，在因皇太后60大寿而恩科的1836年会试中也落榜了。江南回游时，曾国藩向其祖父和父亲有交情的江苏睢宁知县易作梅借银100两，买《二十三史》回家，后在家读史，由此学问大长。当时作为七品知县，易作梅的年俸禄仅有45两银子。1838年曾国藩再次参加会试，列为三甲第四十二名进士，朝考一等，改为翰林院庶吉士。其恩师穆彰阿取国家藩篱之意而将其改名为国藩，以求曾国藩切莫以一名士才子自限而立志成国家之栋梁。

曾国藩将礼学视为经世之学，以此统摄修己治人、内圣外王、有体有用。有圣人修己之体，方有王者治人之用。如其自谓，“自内焉者言之，舍礼无所谓道德；自外焉者言之，舍礼无所谓政事。”① 由此，曾国藩并非将内之仁与外之礼、己修与政事割裂开来，而是将其联系在一起，或更进一步说合二为一，视其为一。然而世人往往或重修德而轻进业，或反而行之，却无法平衡之，致使修德流于空谈，或使礼学支离破碎。“秦汉以后，政教分离，精神领袖和事业领袖，不必兼备于一身，注重精神者，往往忽略事业的具体条件；注重事业者，又往往忽略精神的基础条件，难得两种领袖同时合作，所以社会也就不能平均发展，常有畸重畸轻之弊了。譬如汉唐的事业很盛，而君主多有惭德，学术流于琐碎；宋明的理学很盛，而国事日趋衰弱，德行流于空泛。”② 曾国藩将博通、专精互为体用，既有博通之识，也有专精之功，兼修德业，兼具博专。1843年曾国藩在《致刘蓉》中论及为学之博深，即“夫所谓见道多寡之分数何也？曰：深也，博也。昔者，孔子赞《易》以明天道，作《春秋》以衷人事之至当，可谓深矣。孔子之门有四科，子路知兵，冉求富国，问礼于柱史，论乐于鲁伶，九流之说，皆悉其原，可谓博矣。深则能研万事微芒之几，博则能究万物之情状而不穷于用。后之见道不及孔氏者，其深有差焉，其博有差

① 曾国藩：《曾国藩文集（上卷）》，河北人民出版社，2006年版，第106页。
② 萧一山：《曾国藩传》，海南出版社，2001年版，第53页。

焉。……有汉学、宋学之分，龂龂相角，非一朝矣。仆窃不自揆，谬欲兼取二者之长，见道既深且博”[①]。

由此，修德与进业、内圣与外王、博通与精专、体与用并非截然对立的，而是因时因事而相对地变化。“用近代的话来说，就是历史的政治经济学，以历史为基础，而发为政治经济之用途，非纯粹的历史学，亦非现代的政治经济学。……经世学现在是合历史政治哲学为一体的。经世学的‘体’是历史和哲学，‘用’是政治和经济，目的是治国平天下，步骤是格致、正诚、修齐，道理是‘执两而用其中于民’，精神是‘守先待后，舍我其谁？’以天下为己任，而不屑为‘一身家之谋’，以‘明道救世’之功。”[②] 曾国藩将礼学视为经世之学，因时用中，知本好古，继承和创新儒家文化的中和精神，救亡图存。曾国藩由宋明理学而入汉学，既洞察汉宋学之流弊，又吸取其长处，以达务本之学。据其年谱载，曾国藩尝谓：“近世所学者，不以身心切近为务，恒视一世之风尚以为程而趋之，不数年风尚稍变，又弃其所业，以趋于新，如汉学、宋学、词章、经济以及一技一艺之流，皆各有门户，更迭为盛衰，论其原皆圣道所存，苟一念昔天下之誉，校没世之名，则适以自丧其守，而为害于世。”[③] 各家诸论皆有圣道，然如若以偏概全，不窥其全貌，必抱守残缺，反而自丧其所秉持的圣道，无益于世人。

曾国藩在《答刘孟容》书中曰：“盖天下之道，非两不立，是以立天之道，曰阴与阳；立地之道，曰柔与刚；立人之道，曰仁与义。乾坤毁则无以见易，仁义不明则亦无所谓道者。《传》曰：‘天地温厚之气，始于东北，而盛于东南’，此天地之盛德气也，此天地之仁气也。‘天地严凝之气始于西南，而盛于西北’，此天地之尊严气也，此天地之义气也。斯二气者，自其后而言之，因仁以育物，则庆赏之事起；因义以正物，则刑罚之事起。中则治，偏则乱。自其初而

① 《曾国藩全集（书信上）》，京华出版社，2001 年版，第 2 页。
② 萧一山：《曾国藩传》，海南出版社，2001 年版，第 55 页。
③ 《曾国藩全集（年谱）》，京华出版社，2001 年版，第 11 页。

言之，太和絪缊流行而不息，人也，物也，圣人也，常人也，始所得者均耳。人得其全，物得其偏，圣人者，既得其全，而其气质又最清且厚，而其习又无毫发累，……常人者，虽得其全而气质拘之，习染蔽之，好不当则贼仁，恶不当则贼义，贼者日盛，本性日微，盖学问之事自此兴也。"[1] 在其看来，一切事物必有两端，阴阳是立天之道，刚柔是立地之道，仁义是立人之道。仁义像阴阳一样是相克相生。

曾国藩在《送蒋农南归序》中言："天地之数，以奇而生，以偶而成。一则生两，两则还归于一。一奇一偶，互为其用，是以无息焉。物无独，必有对，太极生两仪，倍之为四象，重之为八卦。此一生两之说也。两之所该，分而为三，淆而为万，万则几于息矣。物不可以传息，故还归于一。天地组，万物化醇，男女构精，万物化生，两而至于一之说也。一者阳之变，二者阴之化，故曰一奇一偶者，天地之用也。"万物之两端必归一，一生两，两该为三，"就是两端对立一致的新事物，在新事物完成的时候是第三者，在前后两个阶段却又是'一'了。如此推演，变化无穷"。[2] 曾国藩认为，书写之法乃刚健婀娜，二者缺一不可；治学则兼顾由博返约、由约返博，然立身处世无不刚柔相济，以能立能达为体，以不怨不尤为用。曾国藩常言如下："作人之道，圣贤千言万语，大抵不外'敬''恕'二字"；"立身之道，以禹墨之勤俭，兼老庄之静虚，庶于修己治人之术，两得之矣"；"道济万物，而不自居；施及后世，而不矜不伐"。在萧一山看来，曾国藩一生的成就源于刚毅、谦谨两种对立的态度。强毅为刚，显为善固执的精神；谦谨为虚，显虚怀若谷的精神。二者看似矛盾，事实上也有矛盾，然而仅是观点不同，但可以在人的主体性实践活动中将其合二为一，达到刚柔相推相摩之实效。[3] 尽管曾国藩因时世而有所变，然"总不离乎孔子的'中庸'之道，'经世'之学，所以能合道文而

---

① 《曾国藩全集（书信上）》，岳麓书社，1990 年版，第 21 页。
② 萧一山：《曾国藩传》，海南出版社，2001 年版，第 85 页。
③ 萧一山：《曾国藩传》，海南出版社，2001 年版，第 90 页。

为一，近博深之能事，刚柔相济，老墨并用，综为大成之礼学，兼具圣王之事业，这种伟大的成就，岂是偶然的！”① 曾国藩一生为学、立身、处事、治世完全以中体和用为基础，固执为善，虚怀若谷，刚柔相济，执两时中。

① 萧一山：《曾国藩传》，海南出版社，2001年版，第102页。

第五章

儒家文化之仁礼

《论语》

毫无疑问，孔子塑造了中华儒家文化精神，赋予中华文化以光彩。“他无意探讨神祇或人死后的问题，他相信‘人能弘道’，而非‘道能弘人’，他的思想集中在人的问题上面。他的主要关怀是由好的政府与和谐的人际关系所支撑的美满社会。为此理想，他主张好的政府应当以德治民，且以身作则，而不宜诉之刑罚或暴力。他也认为善恶的标准是义不义，而不是利不利（His criterion for goodness was righteousness as opposed to profit）。”[①]《论语》一般被视为理解孔子思想的重要典籍，极大地影响着中华儒家文化的发展。尤为重要的是，孔子赋予“仁”新的内涵，使之成为中华儒家文化乃至中华文化的关键命题，以“礼”强调社会外在维度上适当的行为。如南怀瑾所强调的，“至于孔子学说与《论语》本书的价值，无论在任何时代、任何地区，对它的原文本意，只要不故加曲解，始终具有不可毁的不朽价值，后起之秀，如笃学之，慎思之，明辨之，融会有得而见之于行事之间，必可得到自证。”[②]

一、导读

儒家文化精神贵在“仁”，根在“道”，用在“物”，约在“礼”，最为鲜明地体现在孔子的仁礼观上。“孔子的思想系统是以仁为本源，以礼为表征，仁礼合一的思想系统。在这一系统中，礼是孔子对传统的继承，仁是孔子的创辟。”[③] 昔日孔子“好语求仁，而雅言执礼”（曾国藩语），强调仁道、礼教，主张仁礼结合、仁礼贯通、仁礼互释。“盖圣王所以平物我之情，而息天下之争，内之莫大于仁，外之莫

① 陈荣捷著，杨儒宾等译：《中国哲学文献选读》，江苏教育出版社，2006 年版，第 15 页。

② 南怀瑾：《论语别裁》，《南怀瑾选集（第一卷）》，复旦大学出版社，2003 年版，第 4 页。

③ 颜炳罡：《论孔子的仁礼合一说》，《山东大学学报》（哲学社会科学版），2001 年第 2 期，第 53 页。

急于礼。”[①] 仁是根本的、内在的；礼是时用的，外在的。牟宗三先生认为“仁以感通为性，以润物为用”。[②] 特别是孔子将仁视为礼的内在根据和价值本源，以平衡仁与礼之间的矛盾或张力，强调复礼为仁，天下归仁以凭借中和而达到天下太平。“现代人只有狡猾，没有文化，只有理智，没有理性。理性的观念有价值判断，孔子的‘仁’就代表理性。理智没有价值的判断，理智就是计算，头脑精明得很，算盘打得很精明。”[③]

《史记》记载，“弑君三十六，亡国五十二，诸侯奔走不得保其社稷者不可胜数……臣弑君，子弑父，非一旦一夕之故也，其渐久矣。”鲁国则有“季氏八佾舞于庭”之乱象、“居上不宽，为礼不敬，临丧不哀”之不仁。“天下有道，则礼乐征伐自天子出；天下无道，则礼乐征伐自诸侯出。”（《论语·季氏》）[④] 面对人文、社会与政治失序，孔子试图以内仁外礼恢复秩序和规范。“周监于二代，郁郁乎文哉，吾从周。”（《论语·八佾》）[⑤] 据统计，“仁”在《论语》中出现多达109处。孔子以仁字“开辟了人的内在人格世界，以开启人类无限融合及向上之机”。[⑥]《论语》一书言“礼”者75处，言“礼乐”者9处。孔子所言及的礼是“齐之以礼，事之以礼，葬之以礼，祭之以礼”。万事皆有礼，万人皆尊礼，依仁而立礼。

（一）仁体物用

孔子儒学以仁为体，将仁道与天地相贯通，泽及万物，既是内在道德心态，又是外用的切实躬行，更是个人修养的人格境界。古代“仁”字的写法是，人两足走路旁加个“二”。“二”意指两个人，就

① 曾国藩：《序》，《船山遗书（第一册）》，中国书店出版社，2016年版，第5页。

② 牟宗三：《中国哲学的特质》，上海古籍出版社，1997年版，第31页。

③ 牟宗三：《周易哲学演讲录》，华东师范大学出版社，2004年版，第30页。

④ 杨伯峻：《论语译注》，中华书局，2017年版，第248页。

⑤ 杨伯峻：《论语译注》，中华书局，2017年版，第39页。

⑥ 徐复观：《中国人性史论·先秦篇》，三联书店，2001年版，第61页。

是人与人之间，有我就有你，有你我就有他，有你我他就有社会。单独一个人可相安无事。如若两个人在一起，人就需要解决怎样相处、怎样相爱、怎样互助的问题，就是仁。仁就是人与人之间的事。[①] 在郭店楚墓出土的竹简中，“仁”字大都写为“从身从心”的“上身下心”的字形，表明“仁”字的最初形构并非是人们所熟知的“从人从二”。“从身从心”之仁实际上首先表达的是对己身的爱，而不是人们从“从人从二”演绎出的对他人的爱，因为只有心中先有己身，首先能爱惜一己之身，从而去修己、成己、正身、行事，才能推己及人，立己立人。《夏书》曰：“念兹在兹。”即言行事当常念如在己身。这样一条由己而他、由内而外的仁者之路，虽然没有原来传统上理解的“仁者爱人”的路径来得直接，但却正符合儒家伦理的一贯模式，正如子思所说：“成己，仁也。”[②]（《礼记·中庸》）孔子并不拘泥于仁的抽象概念，而是在不同的时空针对不同的人对仁阐明不同的理解和意义，丰富了仁的含义。孔子对子路曰：“仁者使人爱己”“仁者爱人”“仁者自爱”。[③] 由此，儒家仁学搭建起仁体物用、贯通人己的桥梁，使爱人、成己不仅不再相互对立。

儒家文化仁爱万物，以仁心为体，以人事之万物为用。“所谓体是内心的修养，如何做到仁、爱人；仁的用，有推己及人的精神，心胸宽大，包容万象，能够感化他人，这是仁的用。”[④] 己之本心为体，将其发挥于处人处事即为用。“自处处人，就是仁的体用。”[⑤] 体用以一贯之，否则妄谈修心养性而失成己成物之用，或妄谈做人做事而失修养仁心之本。“求仁者，体则存心养性，用则民胞物与，大公无我，故

① 南怀瑾：《论语别裁》，《南怀瑾选集（第一卷）》，复旦大学出版社，2003 年版，第 151 页。

② 胡平生、张萌译注：《礼记》，中华书局，2017 年版，第 1029 页。

③ 楼宇烈：《荀子新注》，中华书局，2018 年版，第 593 页。

④ 南怀瑾：《论语别裁》，《南怀瑾选集（第一卷）》，复旦大学出版社，2003 年版，第 156 页。

⑤ 南怀瑾：《论语别裁》，《南怀瑾选集（第一卷）》，复旦大学出版社，2003 年版，第 152 页。

人悦。”[①] 孔子在《易经·系传上传》曰：“显诸仁，藏诸用。鼓万物而不与圣人同忧，盛德大业至矣哉！”[②]《孟子·尽心篇上》曰：“君子所性，虽大行不加焉，虽穷居不损焉，分定故也。君子所性，仁、义、礼、智根于心。其生色也，睟然见于面，盎于背，施于四体，四体不言而喻。”[③] 在南怀瑾先生看来，“根于心”即言仁之体。为此，要体用一贯，有仁之体，有人之用。关键在于要以仁心为标准，达到仁的境界。“处世，处人，尤其是自处，都要有‘自处之道’。再明白点讲，什么叫‘里仁’呢？就是我们随时要把修养、精神放在仁的境界。”[④] 然而真有智慧，方能达到至仁的境界，无论贫富抑或逆顺，正所谓“知者利仁”。

一个人需要在修养仁道上下功夫，尽心行仁，“无终食之间违仁”。尽管富贵皆为人欲，然而不依仁道而得富贵为耻也。无论富贵贫贱、有所作为抑或暂时颓丧，仁道断然不可远离，反而因行仁而心安理得。“仁”字的本意为古代社会上等人，即与民相对的社会统治阶层，而“仁者”意指社会统治阶层有德行的人。正如徐复观指出的：“于是对己的责任感同时即表现而为对人的责任感，人的痛痒休戚同时即是己的痛痒休戚，于是根于对人的责任感而来的对人之爱，自然与根于对己的责任感而来的无限向上之心，浑而为一。经过这种反省过程而来的‘爱人’，乃出于一个人的生命中不容自已的要求，才是《论语》所说的‘仁者爱人’的真意。”[⑤] 真正考验仁者的是如何看待不仁者，需要“不使不仁者加乎其身”。对此，南怀瑾认为，“一个仁者，看到一个不仁者，应该是同情他、怜悯他，想办法怎样把他改变过来，这

---

① 唐浩明：《唐浩明评点曾国藩家书（下卷）》，岳麓书社，2002 年版，第 441 页。

② 寇方墀：《全本周易导读本》，中华书局，2018 年版，第 427 页。

③ 杨伯峻：《孟子译注》，中华书局，2016 年版，第 344 页。

④ 南怀瑾：《论语别裁》，《南怀瑾选集（第一卷）》，复旦大学出版社，2003 年版，第 156 页。

⑤ 徐复观：《学术与政治之间》，华东师范大学出版社，2009 年版，第 136—137 页。

是真正仁者的用心。”①

孝悌乃仁道之本，即“孝弟也者，其为仁之本与”。（《论语·学而篇》）② 儒家强调由仁及孝，由孝返仁，事亲如事天。魏晋玄学家王弼言称自然亲爱为孝。“仁是造化生生不息之理，虽弥漫周遍，无处不是，然其流行发生，亦只有个渐，所以生生不息。如冬至一阳生，必自一阳生，而后渐渐至于六阳，若无一阳之生，岂有六阳？阴亦然。惟有渐，所以便有个发端处；惟其有个发端处，所以生；惟其生，所以不息。……父子兄弟之爱，便是人心生意发端处。如木之抽芽，自此而仁民、而爱物，便是发干、生枝、生叶。墨氏兼爱无差等，将自家父子兄弟与途人一般看，便自没了发端处。不抽芽，便知得他无根，便不是生生不息，安得谓之仁？孝弟为仁之本，却是仁理从里面发生出来。”③ 仁者立身，孝为本。“入孝出弟，人之小行也。上顺下笃，人之中行也。从道不从君，从义不从父，人之大行也。”④

孔子将仁付诸于家庭、社会、国家与天下，不迁怒，既要“己欲立而立人，己欲达而达人”“己所不欲，勿施于人”，也要“博施于民而能济众”“在邦无怨，在家无怨”。当子贡、子路等认为管仲不仁时，孔子反而认为管仲“如其仁，如其仁”。在孔子看来，管仲“知权命”“自裁审”“通于变”“量轻重”，转而辅佐齐桓公，泽及后世，乃仁者有所为，因为“管仲相桓公，霸诸侯，一匡天下，民到于今受其赐”（《论语·宪问》）⑤，尽管孔子也认为管仲“器小”“不俭”“不知礼”。

（二）复礼为仁

在礼崩乐坏的时代孔子极其重视礼，认为“民之所以生者，礼为

① 南怀瑾：《论语别裁》，《南怀瑾选集（第一卷）》，复旦大学出版社，2003 年版，第 152 页。

② 杨伯峻：《论语译注》，中华书局，2017 年版，第 2 页。

③ 王阳明著，张靖杰译注：《传习录》，江苏凤凰文艺出版社，2015 年版，第 71 页。

④ 楼宇烈：《荀子新注》，中华书局，2018 年版，第 587 页。

⑤ 杨伯峻：《论语译注》，中华书局，2017 年版，第 214 页。

大。非礼则无以节事天地之神焉；非礼则无以辨君臣、上下、长幼之位焉；非礼则无以别男女、父子、兄弟、婚姻、亲族疏数之交焉”。[①]礼有别尊卑、上下、亲疏之功。在孔子看来，礼是仁之外相、表征，赋予礼这一外在规范以仁的内在精神。“夫温良者，仁之本也；敬慎者，仁之地也；宽裕者，仁之作也；逊接者，仁之能也；礼节者，仁之貌也；言谈者，仁之文也；歌乐者，仁之和也；分散者，仁之施也。儒皆兼此而有之，犹且不敢言仁也。”[②] 礼是事天地君师亲友的法度与准则，本身“始于饮食”。仁与礼是相辅相成的，克己复礼而成为仁者。“克己复礼为仁。一日克己复礼，天下归仁焉。”（《论语·颜渊》）[③] 礼是仁的外在表现形式，是践行仁道的路径；仁则是礼的内在规定，是蕴含于礼中的精神。孔子曰：“人而不仁，如礼何？”（《论语·八佾篇》）[④] 如若人仅徒行礼之外表而无真正的仁心，怎能是真正地行礼呢？

孔子以仁释礼，赋予礼心的内涵，避免空论礼而脱离个人内在修养之流弊。“克己复礼”就是克服自己的妄念、情欲、邪恶的思想、偏差的观念，而完全走上正思，然后那个礼的境界才叫作仁。[⑤] 仁关注内心修养，礼关注外在规范，互为表里，相反相成。礼不仅体现了齐家治国平天下的规范，而且也是对个人修身人格要求的规范。一个人不能越孝悌忠信之礼而言行，然而礼是普遍存在的，仅有人知否之别。“礼者，众人法而不知，圣人法而知之。”[⑥] 礼贯通着仁，虽有种种不同的仪式，但是旨在使相敬相安。“若夫志以礼安，言以类使，则儒道毕矣；虽舜，不能加毫末于是矣。”[⑦]《礼记·曲礼上》曰：“毋不敬，

---

① 杨朝明等：《孔子家语通解》，齐鲁书社，2009 年版，第 48 页。

② 杨朝明等：《孔子家语通解》，齐鲁书社，2009 年版，第 44 页。

③ 杨伯峻：《论语译注》，中华书局，2017 年版，第 32 页。

④ 杨伯峻：《论语译注》，中华书局，2017 年版，第 129 页。

⑤ 南怀瑾：《论语别裁》，《南怀瑾选集（第一卷）》，复旦大学出版社，2003 年版，第 460 页。

⑥ 楼宇烈：《荀子新注》，中华书局，2018 年版，第 595 页。

⑦ 楼宇烈：《荀子新注》，中华书局，2018 年版，第 587 页。

俨若思。”[①] 因而礼在于内心的慎重，诚敬的心态，是专注于仁心修养的境界，外用于人事而谓之礼仪。孔子曰：“今之孝者，是谓能养。至于犬马，皆能有养；不敬，何以别乎？”（《论语·为政篇》）[②] 无敬难以称礼，因而务必虔诚崇敬，以知礼合礼。

礼的性能在于区别，乐的功能则在于融合，使人相爱相助。《礼记·乐记》曰：“乐者为同，礼者为异。”[③] 礼或言日常礼数，或言特定礼仪，或言政事礼制，不一而足。孔子曰：“凡制度在礼，文为在礼，行之其在人乎。”[④] 礼按照现代的理解，“是指衣食住行、迎来送往、婚丧嫁娶、敬天法祖的‘规矩’，而这种规矩就根植于老百姓的日常生活，为老百姓所自觉遵循，日用而不觉。这种规矩，因此便是老百姓自我组织、自我管理的方式，而不待政府的责罚与督促”。[⑤] 在熊十力看来，一切有生之类各成独体互相对立，是谓异相。因异而存矛盾，然宇宙为斗争之场域，故需以礼处理矛盾。“夫礼者，所以定亲疏，决嫌疑，别同异，明是非也。”（《礼记·曲礼上》）[⑥]

孔子“反对礼的形式化，要求回到礼之本，同样他也反对礼的绝对化即将礼泛化为一天、地、人、物无所不涵的宇宙论范畴”。[⑦] 礼因时而变。周礼本因循夏礼、殷礼而变革，有损有益而来。故孔子曰：“殷因于夏礼，所损益可知也；周因于殷礼，所损益可知也。其或继周者，虽百世可知也。”（《论语·为政》）[⑧] 周礼并不是一成不变的，也会因变革而有所损益。对此，熊十力认为，“礼者，以敬为主，以序为用，以时为衡。”[⑨] 不敬无礼则恣意妄为，无序无别则紊乱无理，因循

---

① 胡平生、张萌译注：《礼记》，中华书局，2017 年版，第 1 页。
② 杨伯峻：《论语译注》，中华书局，2017 年版，第 19 页。
③ 胡平生、张萌译注：《礼记》，中华书局，2017 年版，第 720 页。
④ 杨朝明等：《孔子家语通解》，齐鲁书社，2009 年版，第 320 页。
⑤ 韩毓海：《龙兴：五千年的长征》，中信出版社，2019 年版，第 15 页。
⑥ 胡平生、张萌译注：《礼记》，中华书局，2017 年版，第 4 页。
⑦ 颜炳罡：《论孔子的仁礼合一说》，《山东大学学报》（哲学社会科学版），2001 年第 2 期，第 54 页。
⑧ 杨伯峻：《论语译注》，中华书局，2017 年版，第 29 页。
⑨ 熊十力：《原儒》，上海古籍出版社、上海书店出版社，2019 年版，第 20 页。

时节则日新通变。颜回因而说："夫子循循然善诱人，博我以文，约我以礼，欲罢不能。"（《论语・子罕》）① 在孔子看来，"俭、戚、哀、敬是礼之本，是礼之内在精神，这种内在精神比外在揖让周旋更重要，更根本，更真实。而这些内在精神的本源就是仁。"②

当周礼日益陷入外在形式而失去内在诚敬的危急时，孔子痛心疾首徒有礼节而无恭敬之本，试图将礼返本归仁。"春秋时代代表人文世界的是礼，而孔子则将礼安放于内心的仁；所以他说'人而不仁，如礼何？'（《八佾》）此即将客观的人文世界向内在的人格世界转化的大标志。"③ 仁与不仁属于人自身内部之事，无关乎外在的繁文缛节。人只有不断地以仁扩充自己，不断向上修养，进而与外在的礼节融合在一起。孔子不仅注重内在精神的人格修养，还观照在客观世界的外用。内在的人格世界的开启，"须要高度的反省、自觉；而此种反省、自觉，并不能像禅家的电光石火一样，仅凭一时的照射；而是要继之以切实地内圣的实践，外用的实践的工夫，才能在自己的生命中（不仅是在自己的观念中）开发出来；并且在现实生活中，是可以经验得到的。这正是孔子对我国文化，也即是对世界文化，最大的贡献。"④ 孔子把仁心之本体与礼节之外用融合在一起，将客观外在的礼节视为存养仁心的手段而且把内在的仁心视为客观外在的礼节的根本遵循。因而孔子注重仁礼双修，仁礼并重，而不是使仁礼的主客观相分离。

人与人之间的礼节根本在于敬。孔子曰："敬而不中礼，谓之野；恭而不中礼，谓之给；勇而不中礼，谓之逆。"如若不敬，不仅不如别亲近，更符合礼节要求，难以做到中规中矩。"夫礼，所以制中也。"⑤ 礼贵在使人的行为恰到好处，恰如其分，相敬如宾。儒家仁体礼用的

---

① 杨伯峻：《论语译注》，中华书局，2017 年版，第 129 页。

② 颜炳罡：《论孔子的仁礼合一说》，《山东大学学报》（哲学社会科学版），2001 年第 2 期，第 55 页。

③ 徐复观：《中国人性史论・先秦篇》，三联书店，2001 年版，第 61 页。

④ 徐复观：《中国人性史论・先秦篇》，三联书店，2001 年版，第 62 页。

⑤ 杨朝明等：《孔子家语通解》，齐鲁书社，2009 年版，第 318 页。

原则即为“敬以严乎己也，宽以恕乎物也”（王夫之《尚书引义·舜典》）[①]。清代梁章钜的《楹联三话》中有一副修身养性联：敬以持己，恕以接物。此联语出《易·坤》：“君子敬以直内，义以方外，敬、义立而德不孤。”由此牟宗三认为，“只有儒家讲敬的工夫，道家、佛家不讲敬。……拿‘义’来方正外在的社会、外在的世界。人要过社会生活，这是儒家的基本精神。”[②] 唐代韩愈在《贺太阳不亏状》中说：“陛下敬畏天命，克己修身。”敬，也有警戒、警惕的意思。《荀子·天论》中言称，“君子敬其在己者，而不慕其在天者，是以日进也。”[③] 意谓君子敬重自己的努力而不指望自然的恩赐，所以天天进步。唐朝白居易在《策林一·王泽流人心感》中言，“夫恕己及物者无他，以心度心，以身观身，推其所为以及天下者也。故己欲安，则念人之重扰也。己欲寿，则念人嘉生也。”

曾国藩认为处敬外则强身，内则纯心，于心身均大有益处，在其家书和日记等中多次言及“作人之道，圣贤千言万语，大抵不外敬、恕二字”，“务宜敬以持躬，恕以待人。敬则小心翼翼，事勿巨细，皆不敢忽；恕则凡是留余地以处人，功不独居，过不推诿。常常记此二字，则长履大任，福祚无量矣。”[④] 一个人若能真正做到敬持己身、恕待他人，则一定在社会上可立可达，也有利于身心健康。曾国藩在《日课四条》中明确指出“主敬则身强”，后致信纪泽纪鸿言教，“敬之一字，孔门持以教人，春秋士大夫亦常言之，至程朱，则千言万语不离此旨。内而专静纯一，外而整齐严肃，敬之工夫也；……吾谓敬字切近之效，尤在能固人肌肤之会、筋骸之束。庄敬日强，安肆而偷，皆自然之征应。虽有衰年病躯，一遇坛庙祭献之时，战阵危急之际，亦不觉神为之悚，气为之振，斯足知敬能使人身强矣。若人无众寡，

---

① 王夫之：《船山遗书（第二册）》，中国书店，2016 年版，第 328 页。
② 牟宗三：《周易哲学演讲录》，华东师范大学出版社，2004 年版，第 36 页。
③ 楼宇烈：《荀子新注》，中华书局，2018 年版，第 334 页。
④ 曾国藩：《曾国藩嘉言钞》，岳麓书社，2007 年版，第 107 页。

事无大小，一一恭敬，不敢怠慢，则身体之强健又何疑乎！”①

二、选编评述

（一）原文选编

子曰：“里仁为美。择不处仁，焉得知？”

子曰：“不仁者不可以久处约，不可以长处乐。仁者安仁，知者利仁。”

子曰：“唯仁者能好人，能恶人。”

子曰：“苟志于仁矣，无恶也。”

子曰：“富与贵，是人之所欲也；不以其道得之，不处也。贫与贱，是人之所恶也；不以其道得之，不去也。君子去仁，恶乎成名？君子无终食之间违仁，造次必于是，颠沛必于是。”

子曰：“我未见好仁者，恶不仁者。好仁者，无以尚之；恶不仁者，其为仁矣，不使不仁者加乎其身。有能一日用其力于仁矣乎？我未见力不足者。盖有之矣，我未之见也。”

子曰：“人之过也，各于其党。观过，斯知仁矣。”

子曰：“朝闻道，夕死可矣。”

子曰：“士志于道，而耻恶衣恶食者，未足与议也。”

子曰：“君子之于天下也，无适也，无莫也，义之与比。”

子曰：“君子怀德，小人怀土；君子怀刑，小人怀惠。”

子曰：“放于利而行，多怨。”

子曰：“能以礼让为国乎？何有？不能以礼让为国，如礼何？”

子曰：“不患无位，患所以立。不患莫已知，求为可知也。”

子曰：“参乎！吾道一以贯之。”曾子曰：“唯。”

子出，门人问曰：“何谓也？”曾子曰：“夫子之道，忠恕而

---

① 唐浩明：《唐浩明评点曾国藩家书（下卷）》，岳麓书社，2002年版，第439页。

已矣。”

子曰：“君子喻于义，小人喻于利。”

子曰：“见贤思齐焉，见不贤而内自省也。”

子曰：“事父母几谏，见志不从，又敬不违，劳而不怨。”

子曰：“父母在，不远游，游必有方。”

子曰：“三年无改于父之道，可谓孝矣。”

子曰：“父母之年，不可不知也。一则以喜，一则以惧。”

子曰：“古者言之不出，耻躬之不逮也。”

子曰：“以约失之者鲜矣。”

子曰：“君子欲讷于言而敏于行。”

子曰：“德不孤，必有邻。”

子游曰：“事君数，斯辱矣；朋友数，斯疏矣。”（《论语·里仁篇》）①

（二）简述短评

《论语·里仁篇》是《论语》最重要的篇章，以此探讨一个人如何求达仁的境界。仁者明辨是非，爱憎分明；智者则知仁之用，力求行仁。如南怀瑾先生所言，“仁者安仁”相当于仁的体；“知者利仁”相当于仁的用。人有不仁，各有过错，皆由于其所处的社会环境。观察人之过错，方能自我反省，以此扩充仁心。有错改之，无则加勉。之所以“朝闻道，夕死可矣”，② 因为在这个层次上“道是仁之体，仁是道之用”③。志行仁道之士必苦其心志，不役于物，要有所为，依义而行，否则以利害相交必终以怨恨。我们做人为事，必兼备仁体物用，涵养道德，为道德而活，必有同道而不孤。然行仁道必有方策，因时而变，适可而止，切不可一味地盲行仁道，否则必亲友叛离。

---

① 杨伯峻译注：《论语译注》，中华书局，2017 年版，第 48—58 页。
② 杨伯峻译注：《论语译注》，中华书局，2017 年版，第 51 页。
③ 南怀瑾：《南怀瑾选集（第一卷）》，复旦大学出版社，2003 年版，第 158 页。

三、经史参照

医者仁心

医者守仁义大道，既为名医，又为名儒，宅心仁厚，承载着儒家希期圣贤的文化精神，为苍生大医，专以救人为心。宋代范仲淹言称，“不为良相，便为良医。”上医治国，中医治人，下医治病。“从这个意义上来讲中医是治人的，而不是治国、治病的。中医把人看作一个整体，而不是仅仅看病的，如果仅仅看病、治病是下医。同时，把握了医道的精髓可以去治病、治人，也可以去治国。”[①] 尤其是中医理论体现着天人合一、辩证论治的哲学智慧，饱含着中国传统哲学的精华，又在世世代代的医疗实践中不断丰富发展着哲学的认知。中医所倡导的人与自然一体和谐、五行相生相克等，蕴含着朴素的唯物主义思想。中医把临床千变万化、极其复杂的症候归纳为表里、寒热、虚实、阴阳“八纲辩证”，实际上就是四对矛盾，其诊治中注重矛盾的对立统一，蕴含着深刻的辩证法。明朝医学家张景岳（本名介宾）在《类经图翼·医易》中曰：“易者，易也，具阴阳动静之妙；医者，意也，合阴阳消长之机。虽阴阳已备于内经，而变化莫大乎周易。故曰天人一理者，一此阴阳也；医易同原者，同此变化也。岂非医易相通，理无二致，可以医而不知易乎？……医之为道，身心之易也，医而不易，其何以行之哉？”道医同源，易医同源，因非儒难以成医，无道难精于医。

医者尊仁义礼智的君子之神、乐天知命的道德之神，尽心为仁。如其所言，“人之一心为全体之君也。”古今医者以圣贤之心一以贯之，知易行医，乐行天道，仁爱无穷，以菩萨心肠、济世救人之慈悲

---

① 楼宇烈：《中国文化的根本精神》，中华书局，2016年版，第117页。

为怀。如孙思邈在《备急千金要方·大医精诚》中所言，“自古明贤治病，多用生命以济危急，虽曰贱畜贵人，至于爱命，人畜一也。”张景岳在《景岳全书·传忠录·阴阳篇》中谓，“医道虽繁，而可以一言蔽之，曰阴阳而已。”南朝梁人杨泉在其所著的《物理论·论医》中谓，“夫医者，非仁爱之士，不可托也；非聪明达理，不可任也；非廉洁纯良，不可信也。是以古之用医，必选名姓之后，其德能仁恕博爱，其智能宣畅曲解，能知天地神只之次，能明性命吉凶之数，处虚实之分，定逆顺之节，原疾疹之轻重而量药剂之多少，贯微达幽，不失细小，如此乃谓良医。”①

据天津中医药大学王玉兴教授2003年发表的《中国古代疫情年表》统计，从公元前243年到公元1911年的2154年里，中国共发生有史可查的瘟疫352场。② 在战胜历史上为数众多的大规模瘟疫的过程中，悬壶济世的医者面对疫病和死亡的威胁，始终以仁慈之心，把解救患者的病痛放在第一位，留下许多感人至深的故事。晋朝医者葛洪13岁丧父，家境贫寒，早早扛起了养家的担子，知困勉学，用砍柴所得换回纸笔，一有时间就学习，尤其精研医术，常至深夜。乡人称他为“抱朴之士”，即坚守初心、怀抱纯朴、不受制于物欲的人。葛洪遂以“抱朴子”为名号，“见素抱朴”《老子·十九章》)，“不为物役”。葛洪一生有多次仕晋机会，本可以当很大的官，但是他潜心悬壶济世，无意于官场，投笔从戎，弃官行医，开创了急诊和预防医学的先河，以其便民爱民的仁心仁术的思想惠及当时的百姓，更成为中国传统医学的精髓，泽披后世。中国女药学家屠呦呦因发现青蒿素而获得诺贝尔医学奖，其灵感就是来自葛洪及其所著的《肘后备急方》。

隋唐医者孙思邈，少时喜读书，涉猎广博且天赋极高，7岁能识1000多字且能背诵许多典籍，时称圣童。20岁时他能畅谈老子、庄子

① 干祖望：《孙思邈传》，南京大学出版社，1995年版，第311—312页。

② 王玉兴：《中国古代疫情年表（一）》，《天津中医学院学报》，2003年第3期，第84—88页；王玉兴：《中国古代疫情年表（二）》，《天津中医学院学报》，2003年第6期，第33—36页。

学说，精通道家经典，但是他很早就身患疾病，为了治病几乎倾家荡产。为此，孙思邈逐渐留意医书，进而立志从医，他医德高尚，兼精医药。孙思邈《备急千金要方》记载：“吾幼遭风冷，屡造医门，汤药之资，倾尽家产，所以青衿之岁，高尚兹典，白首之年，未尝释卷。”① 孙思邈重视养生而长寿，享年101岁，人称“孙真人”。“孙真人”本立于儒，“道合古今，学殚数术，高谈正一”，“阴阳推步医学，无不善”，薄名利，鄙富贵，三拒高官厚禄。“孔孟之道再加博学，才是儒家，也就是儒教中人物。以孙思邈而言，那是两者俱备。”②

北周时杨坚执朝政，听闻孙思邈名声，欲招其为国子博士，孙思邈没有接受，一心致力于研究医术。唐朝建立后，太宗皇帝李世民也想召他来京师长安授予爵位，仍被孙思邈拒绝。与当官相比，他更愿意在乡间为百姓医病。唐高宗时，朝廷授予孙思邈谏议大夫一职，皇帝希望他留在太医院，碍于情面，他推荐了徒弟刘神威入职，自己终身不仕。他平时亲自上山采药，又穷搜民间验方、秘方，针对各种流行性疾病进行了深入研究，经常冒着被传染的风险亲自为病人诊治。“其所以然者，他有三省四箴的高尚品德，白云苍狗的鄙视荣华，乐天知命的安于贫贱，鸥闲鹤静的善于养生，五车三箧（qiè）的博学多能，横锦散珠的写作能力，换心移树的医学水平，折短剖圆的数术天才，妙理玄机的卜易绝技。”③ “孙真人”谨遵孔孟仁义忠恕之道，“上以疗君亲之疾，下以救贫贱之厄”（《备急千金要方》之序），独尊《易经》，以道为体，以医为用，博学多才，堪称一代鸿儒巨匠，兼通道释两家，“应化圣贤，行良医事”。

《备急千金要方》是一部临床医学百科全书式的巨著，被国外学者推崇为“人类之至宝”，在中国乃至世界医学史上创造了许多项“第一”。《备急千金要方》又称《千金方》，取“人命至重，有贵千金，一方济之，德逾于此”之意。虽贵比千金，但孙思邈从不以此牟利，

① 干祖望：《孙思邈传》，南京大学出版社，1995年版，第46页。
② 干祖望：《孙思邈传》，南京大学出版社，1995年版，第41页。
③ 干祖望：《孙思邈传》，南京大学出版社，1995年版，第2页。

全部无私地奉献给社会，让每个人都能从中受益。金钱、地位、权势，在孙思邈心里，全都比不上济世活人。孙思邈认为，品德、医术俱优的医生，为人治病时一定要安定神志，无欲念、无企求，对病人有慈悲同情之心；不管病人贵贱贫富、老幼美丑、是仇人还是亲近的人、是交往密切的人还是一般朋友、是愚笨的人还是聪明的人，都要一视同仁，当作亲人对待；医生看到病人的烦恼，要像自己的烦恼一样，不避忌艰险、昼夜、寒暑、饥渴、疲劳，全心全意地去救护病人，不能推托和摆架子。做到了这些，才能称得上大医——心系苍生的好医生。据《备急千金要方·大医精诚》记载："凡大病，必当安神定志，无欲无求，先发大慈恻隐之心，誓愿普救含灵之苦。若有疾厄来求救者，不得问其贵贱贫富，长幼妍蚩，怨亲善友，华夷愚智，普同一等，皆如至亲之想。亦不得瞻前顾后，自虑吉凶，护惜身命。见彼苦恼，若己有之，深心凄怆。勿避险巇、昼夜、寒暑、饥渴、疲劳，一心赴救，无作功夫形迹之心。如此可为苍生大医，反此则是含灵巨贼。自古名贤治病，多用生命以济危急，虽曰贱畜贵人，至于爱命，人畜一也，损彼益己，物情同患，况于人乎。……其有患疮痍下痢，臭秽不可瞻视，人所恶见者，但发惭愧凄怜忧恤之意，不得起一念蒂芥之心，是吾之志也。"医者心怀尊重生命、敬畏生命、爱护生命的"仁心"和"大爱"，以自己的行动证明，面对当前医学实践遭遇的前所未有的挑战，只有坚持医学的"仁道"性质，才能以大慈恻隐之心经世济人。

第六章

儒家文化之义利

《孟子》

孟子，名轲，战国时期邹国人，鲁国庆父后裔，素有“亚圣”之称。在春秋无义战、战国争地以战的历史环境中，“孟子始终为人伦正义，为传统文化的道德政治，奔走呼号，绝对不受时代环境的影响，而有丝毫转变。所以，他所继承孔子的传统精神，以及中国文化道德政治的哲学观念，和孔子的文化思想一样，也成为由古到今，甚至将来的颠扑不破的真理。”[①] 在中国哲学家陈荣捷看来，孟子与孔子生涯极其类似，同以教书为业，都尊崇传说中的圣王，身处斗争不断、思想混乱的时代，都曾经从政，但最后因不得志而退居。[②]

在傅佩荣看来，孟子提出善、信、美、大、圣、神的人格修养六境界，是对儒家的贡献。[③] 理与义的“可欲之谓善”，然而善行并非出于外在的要求而是至诚己为，即“有诸己之谓信”。不断扩充善行而达至善之德，即“充实之谓美”。充实而德行完备，化成天下而成圣，“充实而有光辉之谓大”“大而化之之谓圣”。“我们今天学习孔孟的思想，要排除两千多年帝王专制的复杂背景，就原典来思考其中普遍的观点，看它能否超越时间空间的限制，对人类发出永恒的呼唤，呼唤我们的心回到最原始最纯粹的情况，领悟‘人性向善，择善固执，止于至善’，让我们这一生可以按照儒家思想的引导，过得充实而完美。”[④] 孟子主张人性本善，强调人格平等的圣道、尽心济世的王道，以良知良能启迪着后世大儒，特别是王阳明先生。阳明先生“以儒术解释兵道是合理而正义的。兵者，国之大事，关系到民族存亡，国家兴衰，不用正义统帅必成凶器，王守仁站在‘天下’这一高度看待战争，已不囿于一役之胜负”。[⑤] 阳明先生以心学谈用兵之道，强调礼法互为表里，颇有王霸之辩之遗风。

---

① 南怀瑾：《孟子旁通》，复旦大学出版社，1996 年版，第 4 页。

② 陈荣捷：《中国哲学文献选编》，江苏教育出版社，2006 年版，第 65 页。

③ 傅佩荣：《傅佩荣讲孟子》，北京联合出版公司，2018 年版，第 198 页。

④ 傅佩荣：《傅佩荣讲孟子》，北京联合出版公司，2018 年版，第 211 页。

⑤ 吕峥：《明朝一哥王阳明》，万卷出版公司，2010 年版，第 28 页。

一、导读

孔子由仁谈义，兼重仁义，主张“君子爱财，取之有道”“义以求利”。孔子言称，“因民之所利而利之”“富与贵是人所欲也，不以其道得之，不处也”“义然后取，人不厌其取”“君子喻于义，小人喻于利”“义者，宜也，尊贤为大”“见利不亏其义”。孟子虽以仁礼与孔子并称，然其义利观更为有特点。孔子讲仁，孟子更讲义。“孔子未曾以仁义对举，但孟子以前的儒门著述已将仁义对举。孟子对此做了进一步的发展，一方面以仁义连用，仁义对举；另一方面把仁义礼智四者连用对举。”① 义利之辩是孟子思想最重要的一点。“照儒家的义理讲，利是利，义是义。利是形而下的，当然不好，但是，拿‘义’这个原则调节它，就是好的。义也不能离开利，那是另一种发挥。利本来是形而下的，是现实的，讲道德不能讲利，但是，生活不能离开现实的一面，也就是不能离开利。只能把利统属到义上去，拿义这个客观的超越的道德原则来调节它，达致谐和，不要冲突。”② 孟子不仅继承了孔子仁学思想，更是重视体现正义、道义的“义”道，把义提升到与仁同等的地位，并不以内外之分看待仁义。“仁与义相反相成，仁主博爱，义则对于害群者将怨之，而不可爱。”③

陈荣捷也认为，“在孟子思想里，义之概念达到前所未有的重要地位。他是首位将义提升至道德价值中之最高位者。”④ 甲骨文就有“义”字。此后“义”字在汉字结构上基本上是由“羊”“我”二字会意而成，意指以“我”的力量捍卫美善吉祥、神圣不可侵犯的价值。甲骨文中的“利”字是个会意字。左边的“禾”字是个象形字，描摹

---

① 陈来：《孔子·孟子·荀子：先秦儒学讲稿》，三联书店，2017 年版，第 171 页。
② 牟宗三：《周易哲学演讲录》，华东师范大学出版社，2004 年版，第 26 页。
③ 熊十力：《原儒》，上海古籍出版社、上海书店出版社，2019 年版，第 54 页。
④ 陈荣捷：《中国哲学文献选编》，江苏教育出版社，2006 年版，第 66 页。

一株果实饱满、枝头低垂的植物；右边是个象形的“刀”字。由此会意而成“利”。在甲骨卜辞中被进一步引申为祭祀、占卜的吉利，即人们占有和享用着对自己有利的外界对象而避开和抛弃了对自己不利的外界对象。[①] 孟子以人禽之辨、王霸之辩论及义利之辩，阐明为人之道，治世之理。

（一）人禽之辨与义利

人禽之辨在孟子思想中占有重要地位，以此思考人为何成人的问题。对此，南怀瑾先生认为，“全部《孟子》，始终在辩的，无非是义利之间。利并不完全代表金钱，利就是自私，人人都在追求有益于自己的，现实可见的好处，那就是利。”[②] 若理解孟子的义利观，就需知道其有关人禽之别的看法。孟子曰：“人之所以异于禽兽者几希，庶民去之，君子存之。舜明于庶物，察于人伦，由仁义行，非行仁义也。”（《孟子·离娄下》）[③] 人与动物在身体、本能上很类似，差别并不大。依据宅心仁厚而行道义之事，乃君子之所为。“在谈到义与利的分辨时，孟子的重点放在为了义可以牺牲利，因为义是自我的要求，由内而发的；利是外在的收获，可多可少。”[④] 舜体察了人性内在向善的力量，因而由仁义行，非行仁义，由内而行善义，而非刻意行善义。“人之有道也，饱食、暖衣、逸居而无教，则近于禽兽。”[⑤]（《孟子·滕文公上》）舜之徒在于为善，然而跖之徒在于为利。因而“圣人与大盗的差别，就在义利之间”[⑥]。

人禽之别在于人所特有的人心“四端”（由此产生仁、义、礼、智）。“恻隐之心，仁之端也；羞恶之心，义之端也；辞让之心，礼之

---

① 张国钧：《先义与后利：中国人的义利观》，云南人民出版社，1999 年版，第 3、8 页。

② 南怀瑾：《孟子与尽心篇》，东方出版社，2014 年版，第 83 页。

③ 杨伯峻：《孟子译注》，中华书局，2016 年版，第 208—209 页。

④ 傅佩荣：《傅佩荣讲孟子》，北京联合出版公司，2018 年版，第 202 页。

⑤ 杨伯峻：《孟子译注》，中华书局，2016 年版，第 133 页。

⑥ 南怀瑾：《孟子与尽心篇》，东方出版社，2014 年版，第 85 页。

端也；是非之心，智之端也。人之有四端也，犹其有四体也。”① 人人都有不安、不忍等本心，超越了利欲计算而本性地趋向善，因为仁义礼智是人之善性的本根。“孟子比孔子更具体地探讨了如何将义扎根于人的超越性‘本心’中。他是中国思想史上首位注重人‘心’的思想家，并首次从人‘心’中拈出超越性道德本性（‘性善’：非经验性特征）加以诠释，这意味着在处理义利问题时，必须从个体自己的‘心’做起，走在切己的道路上，如此方能处于与天相似的位置上。”② 然而君子因教而存其仁心，养其善性，故仁义礼智是个学习、体认与磨练的做人做事过程，需要尽显尽现本心的修养之功，将“尽心知性”之体用于“动心忍性”。孟子曰：“舜之居深山之中，与木石居，与鹿豕游，其所以异于深山之野人者几希；及其闻一善言，见一善行，若决江河，沛然莫之能御也。”③ 否则由于利欲，人的仁义礼智之四端会被遮蔽，因而人心惟危。“根据《孟子》讲下来，‘义’也不是外在的义，义也从内发。”④ 圣人君子则信义、守义，不让义离身而丧失掉。

然孟子曰：“人之所不学而能者，其良能也；所不虑而知者，其良知也。”⑤ 义根于羞恶之心，乃人所固有之欲，并非仅仅贤者有羞恶之心。“在现实的人生中，如不为自己一身而谋，舍生取义，只为忧世忧人而谋国、谋天下者，便是圣人。”⑥ 当面临各种欲恶的选择时，圣贤者能以义加以判断和选择。“生，亦我所欲也。义，亦我所欲也。二者不可得兼，舍生而取义者也。”（《孟子·告子上》）⑦ 懂时务者方为至圣贤者。陆贾言：“君子笃于义而薄于利。”清初与王夫之等为师友的刘献廷认为，“人苟不能斡旋气乞，利济天下，徒以智能为一身家之谋，则不得谓之人。”君子养浩然之气，需直养义行，以人性向善为基

① 杨伯峻：《孟子译注》，中华书局，2016 年版，第 184 页。
② 曾誉铭：《义利之辩》，上海辞书出版社，2017 年版，第 60 页。
③ 杨伯峻：《孟子译注》，中华书局，2016 年版，第 341 页。
④ 牟宗三：《周易哲学演讲录》，华东师范大学出版社，2004 年版，第 36 页。
⑤ 杨伯峻：《孟子译注》，中华书局，2016 年版，第 340 页。
⑥ 南怀瑾：《孟子旁通》，复旦大学出版社，1996 年版，第 36 页。
⑦ 杨伯峻：《孟子译注》，中华书局，2016 年版，第 293 页。

础，择善固执，止于至善。孟子以家庭为出发点审视仁义之知行。“孩提之童，无不知爱其亲者；及其长也，无不知敬其兄也。亲亲，仁也；敬长，义也。无他，达之天下也。”（《孟子·尽心篇》）[1] 义的外在具体实践表现为孝悌之义、敬长之义、君臣之义等。

真正的仁义之士在穷困失意的窘境中依然不偏离义行，仍遵循义理而为之，在通达得意的顺境中也不偏离道统，以利他为本。孟子言称：“穷不失义……达不离道，……穷则独善其身，达则兼善天下。”[2] 中国人应该将其视为自己的价值观和人生目的。如若没有仁义道统的价值观和人生目的，那将会游戏一生、糊涂一世。看一个人，关键在于看有无利他的观念，是否尊德乐义，乐善好施。宋朝明儒范仲淹不仅以“先天下之忧而忧，后天下之乐而乐”闻名于世，而且切身体会民间疾苦生活艰难而以义举成就一代大儒张载、一代明相寇准等。人虽十有八九寂寞困苦，但也要不失儒家仁义道统。

（二）王霸之辩与义利

儒家注重人治，强调圣王以身作则，以义立身，因而儒家文化根本所在在于体现儒家思想道统的王道教化精神。孟子时见梁惠王并不言攻伐之术、霸道之策，反而主张仁义道统。“孟子并没有太过迂腐古板，只一味地叫他行仁义，而不管梁惠王当时所处的情势，以及急功好利的迫切需要。这样孟子才不失为一个识时务的圣哲。只是在政略上有思想、有远见、有抱负，与梁惠王急功近利的政见不能相合而已。”[3] 孟子笃信唐虞三代之德，抱定孔子仁治之道，以民为贵，以社稷为本，力推仁义王道，以求身修、家齐、国治、天下平。仁义王道确为真正的大义大利，然而现实中人似乎都贪图眼前的短期利益，无视未来的长远巨利。

孟子以人禽之辨阐明内圣之道，以王霸之辩论述外王之道，然而

---

① 杨伯峻：《孟子译注》，中华书局，2016 年版，第 340—341 页。
② 杨伯峻：《孟子译注》，中华书局，2016 年版，第 337 页。
③ 南怀瑾：《孟子旁通》，复旦大学出版社，1996 年版，第 67 页。

义利贯穿其中。孟子曰："尧、舜，性之也；汤、武，身之也；五霸，假之也。九假而不归，恶知其非有也。"① 尧舜本性仁义，商汤周武修身立功，然齐桓公等春秋五霸假借仁义之道而成就霸业，却并未真正返归仁义之道。"以力假仁者霸，霸必有大国；以德行仁者王，王不待大。"（《孟子·公孙丑上》）② 孟子揭示了以仁义为体的王道、以武力为用的霸道之分殊，表明自己崇尚王道的立场。霸道往往是以武力强力推行仁义，必无补于王道，即孟子所言"五霸者，三王之罪人也"。（《孟子·告子下》）③ 王道是体用不二，表里如一，由仁义行，然而霸道则是体用分离，表里不一，假行仁义。由此王道、霸道在本末上异也，相背而行。"霸者之民，欢虞如也。王者之民，皞皞如也，杀之而不怨，利之而不庸，民日迁善而不知为之者。夫君子所过者化，所存者神，上下与天地同流，岂曰小补之哉。"（《孟子·尽心上》）④

孟子不但丰富了孔子的义利观，而且注重义在日常人伦中的践行。"为人臣者怀利以事其君，为人子者怀利以事其父，为人弟者怀利以事其兄，是君臣、父子、兄弟终去仁义，怀利以相接，然而不亡者，未之有也。"（《孟子·告子下》）⑤ 如若事事皆以小利为准绳，"枉道从利""枉义从利"，那么小至个人、大至国家与天下则必定亡败。"'利之而不庸'，在真正王道的社会，虽有发财的机会，人人生活安定优裕，但并不贪图过分的利益。"⑥

孟子曰："杨子取为我，拔一毛而利天下，不为也。墨子简爱，摩顶放踵利天下，为之。子莫执中，执中为近之；执中无权，犹执一也。所恶执一者，为其贼道也，举一而废百也。"⑦ 杨朱一派主张天下人人为自己，然而墨翟一派则兼爱天下，事事利他。墨子讲义，注重牺牲

① 杨伯峻：《孟子译注》，中华书局，2016 年版，第 350 页。
② 杨伯峻：《孟子译注》，中华书局，2016 年版，第 78 页。
③ 杨伯峻：《孟子译注》，中华书局，2016 年版，第 318 页。
④ 杨伯峻：《孟子译注》，中华书局，2016 年版，第 339 页。
⑤ 杨伯峻：《孟子译注》，中华书局，2016 年版，第 310 页。
⑥ 南怀瑾：《孟子与尽心篇》，东方出版社，2014 年版，第 44 页。
⑦ 杨伯峻：《孟子译注》，中华书局，2016 年版，第 339 页。

自我而为别人谋利。人人大公无私，天下为公自然为上、为贵，然而在生活中并非人人如此。子莫之人主张执中，对杨朱之言、墨翟之论加以因时而加以权变、加以平衡，“因为叫人毫无自私，要天下为公，是做不到的，只可以有限度地为公。同样绝对的自私也是做不到的，不可能的。”[①] 因而不可偏执义或利一端，否则这不仅有违中和之道，而且会以偏概全，难免有所偏颇。

儒家强调以中体和用之中道看待义利的关系，注重大公并不否定具体之利。“义理之义，义者，宜也之义，并非狭义广义等的义利之义。其实，都是一样，不管是什么伟大的义理，都是力行于义，才能有利于成其为君子，所以这也是利便是义，义便是利的真实道理。”[②] 言信行果并非一成不变，而是有条件的，要在道义上加以衡量。“大人者，言不必信，行不必果，惟义所在。”[③] 言行必要配合适当的情况，通权达变，做出正确的抉择。“孟子说仁是人要保住的心，义是人要依循的路。义本来是‘适宜’的‘宜’的意思，义者宜也，因时制宜，看条件而改变。”[④]

后世儒生往往耻于谈利，将仁义王道变成狭隘的仁义观念，妄自认为孟子只讲仁义而不讲利益，将利、义截然对立起来。义与无私似乎同义，利与自私则无别。孟子并非不言利，而是认为富国强兵乃是小利，仁义方为大利。孟子“并没有否定利的价值。他只是扩大了利的内涵，扩大了利的效用”。[⑤]《易经》强调积善以利用安身；《尚书》强调正德、利用、厚生三者相辅相成之协调。据《左传》言：“信载义而行之为利。谋不失利，以为社稷，民之主也。”[⑥] 然而谋求利须有一定的限度。“夫民生厚而用利，于是乎正德以幅之，使无黜嫚，谓之

① 南怀瑾：《孟子与尽心篇》，东方出版社，2014 年版，第 88 页。

② 南怀瑾：《孟子旁通》，复旦大学出版社，1996 年版，第 83 页。

③ 杨伯峻：《孟子译注》，中华书局，2016 年版，第 205 页。

④ 傅佩荣：《傅佩荣讲孟子》，北京联合出版公司，2018 年版。

⑤ 南怀瑾：《孟子旁通》，复旦大学出版社，1996 年版，第 74 页。

⑥（春秋）左丘明撰，（晋）杜预集解，李梦生整理：《春秋左传集解》，凤凰出版社，2010 年版，第 316 页。

幅利。利过则为败。”杜预注释为“言厚利皆人之所欲，唯正德可以为之幅”。①

二、选编评述

（一）原文选编

◎孟子见梁惠王。王曰：“叟！不远千里而来，亦将有以利吾国乎？”

孟子对曰：“王！何必曰利？亦有仁义而已矣。王曰：‘何以利吾国？’大夫曰：‘何以利吾家？’士庶人曰：‘何以利吾身？’上下交征利而国危矣。万乘之国，弑其君者，必千乘之家；千乘之国，弑其君者，必百乘之家。万取千焉，千取百焉，不为不多矣。苟为后义而先利，不夺不餍。未有仁而遗其亲者也，未有义而后其君者也。王亦曰仁义而已矣，何必曰利？”（《孟子·梁惠王章句上》）②

◎告子曰：“性犹湍水也，决诸东方则东流，决诸西方则西流。人性之无分于善不善也，犹水之无分于东西也。”

孟子曰：“水信无分于东西。无分于上下乎？人性之善也，犹水之就下也。人无有不善，水无有不下。今夫水，搏而跃之，可使过颡；激而行之，可使在山。是岂水之性哉？其势则然也。人之可使为不善，其性亦犹是也。”

公都子曰：“告子曰：‘性无善无不善也。’或曰：‘性可以为善，可以为不善；是故文武兴，则民好善；幽厉兴，则民好暴。’或曰：‘有性善，有性不善。是故以尧为君而有象；以瞽瞍为父而有舜；以纣为兄之子，且以为君，而有微子启、王子比干。’今曰‘性善’，然则

---

① （春秋）左丘明撰，（晋）杜预集解，李梦生整理：《春秋左传集解》，凤凰出版社，2010年版，第544页。

② 杨伯峻：《孟子译注》，中华书局，2016年版，第2页。

被皆非与?"

孟子曰:"乃若其情,则可以为善矣,乃所谓善也。若夫为不善,非才之罪也。恻隐之心,人皆有之;羞恶之心,人皆有之;恭敬之心,人皆有之;是非之心,人皆有之。恻隐之心,仁也;羞恶之心,义也;恭敬之心,礼也;是非之心,智也。仁义礼智,非由外铄我也,我固有之也,弗思耳矣。故曰:'求则得之,舍则失之。'或相倍蓰而无算者,不能尽其才者也。《诗》曰:'天生蒸民,有物有则。民之秉彝,好是懿德。'孔子曰:'为此诗者,其知道乎!故有物必有则;民之秉彝也,故好是懿德。'"

孟子曰:"富岁,子弟多赖;凶岁,子弟多暴,非天之降才尔殊也,其所以陷溺其心者然也。今夫麰麦,播种而耰之,其地同,树之时又同,浡然而生,至于日至之时,皆熟矣。虽有不同,则地有肥硗、雨露之养、人事之不齐也。故凡同类者,举相似也,何独至于人而疑之?圣人,与我同类者。故龙子曰:'不知足而为屦,我知其不为蕢也。'屦之相似,天下之足同也。口之于味,有同耆也;易牙先得我口之所耆者也。如使口之于味也,其性与人殊,若犬马之与我不同类也,则天下何耆皆从易牙之于味也?至于味,天下期于易牙,是天下之口相似也。惟耳亦然。至于声,天下期于师旷,是天下之耳相似也。惟目亦然。至于子都,天下莫不知其姣也。不知子都之姣者,无目者也。故曰,口之于味也,有同耆焉;耳之于声也,有同听焉;目之于色也,有同美焉。至于心,独无所同然乎?心之所同然者何也?谓理也,义也。圣人先得我心之所同然耳。故理义之悦我心,犹刍豢之悦我口。"

孟子曰:"牛山之木尝美矣,以其郊于大国也,斧斤伐之,可以为美乎?是其日夜之所息,雨露之所润,非无萌蘖之生焉,牛羊又从而牧之,是以若彼濯濯也。人见其濯濯也,以为未尝有材焉,此岂山之性也哉?虽存乎人者,岂无仁义之心哉?其所以放其良心者,亦犹斧斤之于木也,旦旦而伐之,可以为美乎?其日夜之所息,平旦之气,其好恶与人相近也者几希,则其旦昼之所为,有梏亡之矣。梏之反复,则其夜气不足以存;夜气不足以存,则其违禽兽不远矣。人见其禽兽也，而以为未尝有才焉者，是岂人之情也哉？故苟得其养，无物不长；苟失其养，无物不消。孔子曰：‘操则存，舍则亡；出入无时，莫知其乡。’惟心之谓与？”

孟子曰：“无或乎王之不智也。虽有天下易生之物也，一日暴之，十日寒之，未有能生者也。吾见亦罕矣，吾退而寒之者至矣，吾如有萌焉何哉？今夫弈之为数，小数也；不专心致志，则不得也。弈秋，通国之善弈者也。使弈秋诲二人弈，其一人专心致志，惟弈秋之为听。一人虽听之，一心以为有鸿鹄将至，思援弓缴而射之，虽与之俱学，弗若之矣，为是其智弗若与？曰：非然也。”

孟子曰：“鱼，我所欲也，熊掌亦我所欲也；二者不可得兼，舍鱼而取熊掌者也。生亦我所欲也，义亦我所欲也；二者不可得兼，舍生而取义者也。生亦我所欲，所欲有甚于生者，故不为苟得也；死亦我所恶，所恶有甚于死者，故患有所不辟也。如使人所欲莫甚于生，则凡可以得生者，何不用也？使人之所恶莫甚于死者，则凡可以辟患者，何不为也？由是则生而有不用也，由是则可以辟患而有不为也，是故所欲有甚于生者，所恶有甚于死者。非独贤者有是心也，人皆有之，贤者能勿丧耳。一箪食，一豆羹，得之则生，弗得则死，嘑尔而与之，行道之人弗受；蹴尔而与之，乞人不屑也。万钟则不辨礼义而受之。万钟于我何加焉？为宫室之美、妻妾之奉、所识穷乏者得我与？乡为身死而不受，今为宫室之美为之；乡为身死而不受，今为妻妾之奉为之；乡为身死而不受，今为所识穷乏者得我而为之，是亦不可以已乎？此之谓失其本心。”

孟子曰：“仁，人心也；义，人路也。舍其路而弗由，放其心而不知求，哀哉！人有鸡犬放，则知求之；有放心而不知求。学问之道无他，求其放心而已矣。”

孟子曰：“今有无名之指屈而不信，非疾痛害事也，如有能信之者，则不远秦楚之路，为指之不若人也。指不若人，则知恶之；心不若人，则不知恶。此之谓不知类也。”

孟子曰：“欲贵者，人之同心也。人人有贵于己者，弗思耳矣。人之所贵者，非良贵也。赵孟之所贵，赵孟能贱之。《诗》云：‘既醉以酒，既饱以德。’言饱乎仁义也，所以不愿人之膏粱之味也；令闻广誉施于身，所以不愿人之文绣也。”

孟子曰：“仁之胜不仁也，犹水胜火。今之为仁者，犹以一杯水救一车薪之火也；不熄，则谓之水不胜火，此又与于不仁之甚者也，亦终必亡而已矣。”

孟子曰：“羿之教人射，必志于彀，学者亦必志于彀。大匠诲人必以规矩，学者亦必以规矩。”（《孟子·告子章句上》）①

◎孟子曰：“尽其心者，知其性也。知其性，则知天矣。存其心，养其性，所以事天也。夭寿不贰，修身以俟之，所以立命也。”

孟子曰：“莫非命也，顺受其正；是故知命者不立乎岩墙之下。尽道而死者，正命也；桎梏死者，非正命也。”

孟子曰：“求则得之，舍则失之，是求有益于得也，求在我者也。求之有道，得之有命，是求无益于得也，求在外者也。”

孟子曰：“万物皆备于我矣。反身而诚，乐莫大焉。强恕而行，求仁莫近焉。”

孟子曰：“行之而不著焉，习矣而不察焉，终身由之而不知其道者，众也。”

孟子曰：“人不可以无耻。无耻之耻，无耻矣。”

孟子曰：“耻之于人大矣！为机变之巧者，无所用耻焉。不耻不若人，何若人有？”

孟子曰：“古之贤王好善而忘势；古之贤士何独不然？乐其道而忘人之势。故王公不致敬尽礼，则不得亟见之。见且由不得亟；而况得而臣之乎？”

孟子谓宋勾践曰：“子好游乎？吾语子游。人知之，亦嚣嚣；人不知，亦嚣嚣。”

---

① 杨伯峻：《孟子译注》，中华书局，2016年版，第280—301页。

曰："何如斯可以嚣嚣矣？"

曰："尊德乐义，则可以嚣嚣矣。故土穷不失义，达不离道。穷不失义，故士得己焉；达不离道，故民不失望焉。古之人，得志，泽加于民；不得志，修身见于世。穷则独善其身，达则兼善天下。"

孟子曰："待文王而后兴者，凡民也。若夫豪杰之士，虽无文王犹兴。"

孟子曰："仁言不如仁声之人人深也，善政不如善教之得民也。善政，民畏之；善教，民爱之。善政得民财，善教得民心。"

孟子曰："人之所不学而能者，其良能也；所不虑而知者，其良知也。孩提之童无不知爱其亲者，及其长也，无不知敬其兄也。亲亲，仁也；敬长，义也！无他，达之天下也。"

孟子曰："舜之居深山之中，与木石居，与鹿豕游，其所以异于深山之野人者几希；及其闻一善言，见一善行，若决江河，沛然莫之能御也。"

孟子曰："无为其所不为，无欲其所不欲，如此而已矣。"

孟子曰："人之有德慧术知者，恒存乎疢疾。独孤臣孽子，其操心也危，其虑患也深，故达。"

孟子曰："有事君人者，事是君则为容悦者也；有安社稷臣者，以安社稷为悦者也；有天民者，达可行于天下而后行之者也；有大人者，正己而物正者也。"

孟子曰："君子有三乐，而王天下不与存焉。父母俱存，兄弟无故，一乐也；仰不愧于天，俯不怍于人，二乐也；得天下英才而教育之，三乐也。君子有三乐，而王天下不与存焉。"

孟子曰："广土众民，君子欲之，所乐不存焉；中天下而立，定四海之民，君子乐之，所性不存焉。君子所性，虽大行不加焉，虽穷居不损焉，分定故也。君子所性，仁义礼智根于心，其生色也睟然，见于面，盎于背，施于四体，四体不言而喻。"

孟子曰："孔子登东山而小鲁，登泰山而小天下，故观于海者难为水，游于圣人之厂工者难为言。观水有术，必观其澜。日月有明，容光必照焉。流水之为物也，不盈科不行；君子之志于道也，不成章不达。”

孟子曰：“鸡鸣而起，孳孳为善者，舜之徒也；鸡鸣而起，孳孳为利者，蹠之徒也。欲知舜与蹠之分，无他，利与善之间也。”

孟子曰：“杨子取为我，拔一毛而利天下，不为也。墨子兼爱，摩顶放踵利天下，为之。子莫执中。执中为近之。执中无权，犹执一也。所恶执一者，为其贼道也，举一而废百也。”

孟子曰：“尧舜，性之也；汤武，身之也，五霸，假之也。久假而不归，恶知其非有也。”

王子垫问曰：“士何事？”

孟子曰：“尚志。”

曰：“何谓尚志？”

曰：“仁义而已矣。杀一无罪非仁也，非其有而取之非义也。居恶在？仁是也；路恶在？义是也。居仁由义，大人之事备矣。”

孟子曰：“食而弗爱，豕交之也；爱而不敬，兽畜之也。恭敬者，币之未将者也。恭敬而无实，君子不可虚拘。”

孟子曰：“形色，天性也；惟圣人然后可以践形。”

孟子曰：“君子之所以教者五：有如时雨化之者，有成德者，有达财者，有答问者，有私淑艾者。此五者，君子之所以教也。”

公孙丑曰：“道则高矣，美矣，宜若登天然，似不可及也；何不使彼为可几及而日孳孳也？”

孟子曰：“大匠不为拙工改废绳墨，羿不为拙射变其彀率。君子引而不发，跃如也。中道而立，能者从之。”

孟子曰：“天下有道，以道殉身；天下无道，以身殉道；未闻以道殉乎人者也。”

孟子曰：“君子之于物也，爱之而弗仁；于民也，仁之而弗亲。亲亲而仁民，仁民而爱物。”

孟子曰：“知者无不知也，当务之为急；仁者无不爱也，急亲贤之为务。尧舜之知而不遍物，急先务也；尧舜之仁不遍爱人，急亲贤也。

不能三年之丧，而缌、小功之察；放饭流歠，而问无齿决，是之谓不知务。”（《孟子·尽心章句上》）①

（二）简述短评

若国徒以急功近利为要，那么上行下效。身居高位的王公大臣、卿大夫们只顾自家利益，寻常国人则也只为自身利益精打细算。由此国之上下都以利为先、为重，国家则必危矣。仁义实乃国之大利也。乱世纷争皆因图谋私利之故。仁义者取之有道，才合乎义，走孔孟仁义的正路，但会有所不为，必定不会像陈仲子那样遗弃其至亲，也不会弃君上于不顾等非义之义，反而扩充有所不为的心态而做到当为必为的境界。财聚人散，财散人聚。不要使己受役于物欲之私利、小惠小利，否则如孟子所言“宝珠玉者，殃必及身”。因而内仁外义的统一方为王道之策。

三、经史参照

张謇义体利用

儒商同源也。特别是两宋以下，明清两代中国文化走上了以儒经商、以儒补商的良性互动。② 中华儒商先有子贡，后有张謇。子贡乃端木赐之字，复姓端木，政治家、外交家、儒商始祖，官至鲁、卫两国之相，孔子七十二贤之一，孔门十哲之一。孔子以“瑚琏之器”（瑚琏是古代祭祀时盛黍稷的尊贵器械皿，夏朝称为“瑚”，殷朝称为“琏”）称其堪当大任。子贡不仅办事通达，有干济才，而且善商道，经商曹、鲁两国之间，在儒圣明“义”与商贾求“利”之间平衡，以

① 杨伯峻：《孟子译注》，中华书局，2016年版，第334—359页。

② 颜炳罡：《人伦日用即道：颜炳罡说儒》，孔学堂书局有限公司，2014年版，第83—95页。

达“义利兼顾”的儒商境界。真正的儒商皆内儒外商，富而无骄，为富当仁，取财有道，以义取利，以利济世，以儒兴商。“由于义利之辩的文化思想发展下来，到了宋明以后，构成中国文化的商业道德，便有‘贸易不欺三尺子，公平义取四方才’的说法。即使专事求利求财的商业行为，也要心存‘不欺’和‘公平’的义利之辩。”[①] 余英时先生称之为涩泽荣一在《论语与算盘》中所创造的“士魂商才”的概念以表达中国儒士行商。[②]

张謇，字季直，号啬庵，祖籍江苏常熟，生于江苏通州海门长乐镇，中国近代实业家、政治家、教育家，中国棉纺织领域开拓者，上海海洋大学创始人。张謇一生创办了20多个企业，370多所学校，主张“实业救国”，被称为“状元实业家”。毛泽东谈到中国民族工业时曾说，“轻工业不能忘记海门的张謇。”胡适认为，“张季直先生在近代中国史上是一个很伟大的失败的英雄，这是谁都不能否认的。他独立开辟了无数新路，做了三十年的开路先锋，养活了几万人，造福于一方，而影响及于全国。终于因为他开辟的路子太多，担负的事业过于伟大，他不能不抱着许多未完的志愿而死。”中央社会主义学院教授潘岳认为，“是张謇，而不是那些更成功的巨商们，被现代企业家们追溯为精神领袖。因为他主动挑到肩上的社会责任，远远超出了‘实业家’和‘商人’的身份。他从来不是想建立一个商业帝国，而是想建设一个理想社会。他所提倡并身体力行的是，企业家不仅要做大，更要做实；不仅要爱国，还要爱社会；不仅要办慈善办公益，还要育平民担责任。这是士大夫的根本价值观所决定的。而企业家精神加传统士大夫精神正是中华近代商道的内核。”[③]

张謇自幼聪慧，5岁能背诵千字文，15岁首次参加科举考试而中了秀才，然而此后的26年中皆未中。直到1894年慈禧六十大寿开设“恩科”时，在其父张彭年的恳求下他参加考试，终于被点为状元，成

① 南怀瑾：《孟子旁通》，复旦大学出版社，1996年版，第83页。

② 余英时：《儒家伦理与商人精神》，广西师范大学出版社，2004年版，第232页。

③ 潘岳：《张謇是谁》，《文化纵横》，2019年第4期，第33页。

为翰林院编修。当获悉清政府签署《马关条约》时，张謇惊愤异常，1895 年 4 月 6 日他在日记中写道："和约十款，几罄中国之膏血，国体之得失无论矣。"[①] 1895 年 7 月 30 日，张謇为李幼清写法轮寺联曰："无我无人无众生相寿者，皆以无为法；如露如电如梦幻泡影，应作如是观。"正是此时，张謇没有像朝中大官昏昏然，洞察到"国事亦大坠落，遂一意斩断仕进"，认为"中国须振兴实业，其责任须在士大夫"。他在与记者谈实业导淮等问题时指出，"吾国现时所最可希望者无过乎实业。惟此事须吾国政府与人民上下一心，通力合作，而后能见效。余从事于实业一途已阅半世，今则愈知欲富强吾国，舍实业无由也。就各项实业而言，最为吾所主张者为棉、铁二项，以其于近世界中为必不可少之物也。现时吾人所用之棉、铁，皆来自外洋，今后正宜努力使此二者皆可由本国供给。"张謇辞官下海经商，毅然决然地自求强国富民之道，以雪国耻，1895 年 8 月在南通唐家闸办棉纺厂，起名"大生纱厂"，取自于《易经》中"天地之大德曰生"之意。温铁军认为，张謇的伟大之处在于他开启了中国近代企业的全新类型社会企业，追求社会、经济、文化、教育等可持续发展，[②] 开启了以父爱主义安置劳动力的共同体方式。正如其厂联所言，"秋豪太山，因所大而大，乐工兴事，厚其生谓生。" "生财有道，大利不言。"[③] 几年过去，大生旗下 37 家企业、工厂，一年创收利润高达千万两，而且张謇本人也拥有了两千万两白银的身家。关键在于张謇并没有将"利润最大化"当作第一目标，而是秉持社会责任，以"社会综合收益最大化"为原则。张謇认为，"公司者，庄子所谓积卑而为高，和小而为大，合并而为公之道也。"对此，温铁军认为，"现代企业是建立一套所谓的现代公司制，但是张謇提出的公司制度是以中国传统文化来定

① 《张謇全集（第六卷 · 日记）》，江苏古籍出版社，1994 年版，第 371 页。

② 温铁军：《生态文明转型召唤社会企业和社会企业家》，《文化纵横》，2019 年第 4 期，第 91 页。

③ 《张謇全集（第六卷 · 日记）》，江苏古籍出版社，1994 年版，第 402 页。

义公司的。”①

张謇曾说：“二十六年来，謇之得于实业而用于教育、慈善及地方公益者，凡二百五十七八万，仍负债六十万有奇，叔兄所出亦八九十万不与焉。”他在《师范学校开校演说》中指出，“欲雪其耻而不讲求学问则无资，欲求学问而不求普及国民之教育则无与，欲教育普及国民而不求师则无导。故立学校须从小学始，尤须先从师范始。我国二千年前教育与各国师范义法近者，独《礼记·学记》一篇，然沉晦久矣。”为改变国家贫困落后的状态，张謇以一己之力，培养储备一国人才之未来，倾其所有，连续二十年，办了370所小学、6所中学和10所大学。为此，张謇省吃俭用，从《致吴夫人》家书中可见一斑：“新棉裤合身，惟收口腰身略紧。旧裤寄回，须拆开洗过重修，交叉处勿多去，铺棉絮仍可穿。”1922年70岁高龄时，张謇以最高票当选民意投票选举“最敬仰之人物”。张謇公为大义而出生入死跃然纸上，与天地和其德。张謇曾言：“一个人办一县事要有一省的眼光，办一省事要有一国的眼光，办一国事要有世界的眼光。”他穷尽一生，“不居功，苦则既吃”。②

张謇寻求以实业振兴国运，以士大夫的精神利济社会，以企业家精神和传统士大夫精神书写了中国儒商华彩的篇章。如木有本水有源一样，张謇以国为本、以民为本，兼顾利义，持正行事，文商合盛，开拓出实业救国之路、教育兴国之路。作为传统儒生，张謇具有家国济世的情怀，然而“张謇的义利观……超越了传统中国的义利观以及对于商人的贬低俗见，真正认识到工商社会和商业文明对中国的现代意义……试图从企业甚至个人的私利追求中实现社会的公共利益”。③张謇开办大生纱厂时言，“通州之设纱厂，为通州民生计，亦即为中国

① 温铁军：《生态文明转型召唤社会企业和社会企业家》，《文化纵横》，2019年第4期，第97页。

② 《张謇全集（第六卷·日记）》，江苏古籍出版社，1994年版，第426页。

③ 高全喜：《再造儒商：张謇的企业家精神》，《文化纵横》，2019年第4期，第113—114页。

利远计。”张謇心系民生，勠力事功，在《北京商业学校演说》中言，“知勤勉节俭、任劳耐苦诸美德，为成功之不二法门。”张謇告诫后人，“天之生人也，与草木无异。若遗留一二有用事业，与草木同生，即不与草木同腐。故踊跃从公者，做一分便是一分，做一寸便是一寸。鄙人之办事，亦本此意。”张謇的儒商精神历久弥新，影响久远，激励后人以民族复兴为己任，将商道同修身、齐家、治国结合起来，不愧立于天地间。现代中国需要张謇这样的人格典范。①

① 任剑涛：《现代建国中的企业家：张謇的典范意义》，《清华大学学报》（哲学社会科学版），2018 年第 2 期，第 166—177 页。

第七章

儒家文化之礼法

《荀子》

荀子，名况，战国时期赵国人，三度出任齐国稷下学宫的祭酒，二度入楚任兰陵令，后终老于兰陵，因其学问受人敬仰而被称为荀卿。中华儒家文化要回到先秦经典，那就要关注“本色儒家”[①] 的荀子，以真正了解先秦时期的儒家思想。“讲儒学不讲《荀子》，你了解的儒学就不是真儒学，或者说不是儒学的全貌。”[②] 荀子师承子弓，然而子弓从孔子弟子鲁人商瞿子木受易学，有传孔易之大功。“儒家很实在地教人们如何做人，如何行事，教统治者如何治国。荀子正是秉承了早期儒家的传统，讲求功利、求实、务实以及抱持‘以天下为己任’的情怀。”[③] 荀子之学方是儒学的主干，是以孔子思想为本。郭沫若认为，“汉代儒家总汇百家而荀子实开其先河。”在唐代以前，孟子与荀子并称。冯友兰言称，“孟子以后，儒者无杰出之士，至荀卿而儒家壁垒始又一新。”荀子主张人性本恶，强调以礼法加以控制，显然有别于孟子的人性本善论。“我们不应当忘记：他们两者都相信所有的人都可臻于完美，也相信仁义是最高的道德，还同样相信圣王政府以及教育非常重要。他们在人性观上有很大的差别，但其实两者都没有完全遵循孔子，因为圣人认为所有人的本性都是相近的，只是因为经过了习染而有所不同。”[④]

荀子对汉朝影响深远，但是此后却备受忽视，在中唐时期韩愈著述《原道》以周公、孔孟为儒家正统的道统，以对抗佛教的思想冲击。融合了佛道的宋明理学奉《孟子》为四书之一，致使荀子的思想地位日趋下降。梁启超说：“孔门之学，后衍为孟子、荀卿两派，荀传小康，孟传大同。汉代经师，不问为今文家古文家皆出荀卿。二千年间，宗派屡变，壹皆盘旋荀学肘下。”[⑤] 有别于谭嗣同的荀学乃乡愿之论，章太炎则备崇荀子，赞许荀子“自仲尼而后，孰为后圣？曰：……惟

① 杨朝明：《国学新读本·荀子》，河南大学出版社，2008 年版，第 5 页。

② 魏承思：《解读荀子》，上海人民出版社，2019 年版，第 7 页。

③ 魏承思：《解读荀子》，上海人民出版社，2019 年版，第 34 页。

④ 陈荣捷：《中国哲学文献选编》，江苏教育出版社，2006 年版，第 121 页。

⑤ 梁启超：《清代学术概论》，东方出版社，1996 年版，第 76 页。

荀卿足以称是”，在《訄书·订孔》言称“荀卿以积伪俟化治身，以隆礼合群治天下。……由斯道也，虽百里而民献比肩可也。其视孔氏，长幼断可识矣”。[①] 荀子承继孔子法以行仁的传统，革新儒家礼治思想，更强调外王之道，令儒家思想推陈出新。“由于他的自然主义、实在主义，他对逻辑之重视、对进步之信仰、对法律之强调，还有对各种哲学派别的严厉评论，他对现代的中国人而言，处处都展现了特别的吸引力。”[②]

一、导读

荀子继承了孔子的好学论、君子论，发展了孟子的王霸论、义利论，但“荀子的特色，在于其全部思想都是为礼义规范或礼法等级制度的必要性和合理性作论证”。[③] 基于对人性的认识和观察，荀子针对孟子的性善论而提出性恶论，强调天道无为、人道有为的天人之分，以师法之化、礼义之道、隆礼重法而治身治世。

（一）隆礼

孔子强调克己复礼以重塑礼乐制度与人伦秩序。司马谈称儒家要旨是“序君臣父子之礼，列夫妇长幼之别”。孟子则强调尽心克己而非复礼，然而荀子继承了孔子复礼的学统而隆礼。由此，荀子将儒家的礼义置于第一位，推崇礼教、礼制、礼治。“礼文化强调的是人本位（以人为本），强调人的主体性和人的自觉自律。”[④] 据郭沫若统计，《荀子》一书中共出现 375 个“礼”字，礼在荀子学说中处于核心地位，因而隆礼为荀子之学的特色。清代学者王先谦在其《荀子集解》

① 章炳麟：《訄书》，辽宁人民出版社，1994 年版，第 15—16 页。
② 陈荣捷：《中国哲学文献选编》，江苏教育出版社，2006 年版，第 122 页。
③ 陈来：《孔子·孟子·荀子：先秦儒学讲稿》，三联书店，2017 年版，第 213 页。
④ 楼宇烈等：《荀子新注》，中华书局，2018 年版，第 7 页。

序中言："荀子论学论治，皆以礼为宗，反复推详，务明其旨趣。"①

孟子强调以良能、良知的存心养性的内圣之学修己治世。在荀子看来，这一立论是站不住脚的，因为"尧、舜之与桀、跖，其性一也；君子之与小人，其性一也"。② 荀子以性与伪两个概念看待人的行为，"人之性恶，其善者伪也。"③ 人生而好利，则争夺生而辞让亡，由而恶生矣。性恶意指人与生俱来的生存本能和欲望，然而伪则指人为之伪、人的社会活动，因而人之分别乃"注错习俗之所积耳"。若顺从人之本性，放纵人之本欲，必致恶果，因而人须遵从师承和家法的教化，以礼义的道统加以引导。人本性是恶的，然而善是后天人为所成。"礼义者，圣人之所生也，人之所学而能、所事而成者也。不可学、不可事而在人者谓之性；可学而能、可事而成之在人者，谓之伪。是性、伪之分也。"④ 再者，有别于天人合一之论，荀子强调"天行有常，不为尧存，不为桀亡"，因而需"明于天人之分""不与天争职"，以礼"制天命而用之"。⑤ "制天命而用之"是要求"知其所为，知其所不为"，以此达"天地官而万物役"的人天至和状态。

由此，荀子强调后天学习以及礼义教化的作用。辞让、忠信、文理并非人的本性，而是教化的结果，是人为的结果。"在文明社会里，一个人只要接受道统的教化，积累学识，遵循礼义，就是君子。相反，如果他放纵性情，胡作非为，违背礼义，就是小人。"⑥ 故伪者必需以礼义之道统加以正之、导之，否则若没有礼义之道统的教化，人往往险恶之行滋生。"人无礼则不生，事无礼则不成，国家无礼则不宁。"⑦ 荀子"对孔子思想是有所损益的。荀子不再是追求简单地'复礼'，而是要重构礼乐制度；不是把重建社会秩序的希望寄托于要求人们

---

① 王先谦：《荀子集解》，中华书局，1988 年版，第 1 页。
② 楼宇烈等：《荀子新注》，中华书局，2018 年版，第 482—483 页。
③ 楼宇烈等：《荀子新注》，中华书局，2018 年版，第 474 页。
④ 楼宇烈等：《荀子新注》，中华书局，2018 年版，第 476 页。
⑤ 楼宇烈等：《荀子新注》，中华书局，2018 年版，第 327—338 页。
⑥ 魏承思：《解读荀子》，上海人民出版社，2019 年版，第 69 页。
⑦ 楼宇烈等：《荀子新注》，中华书局，2018 年版，第 21 页。

‘克己’或‘正人心’，而是用外在的礼制来规范人们的行为。”[①] 荀子较少关注正己的道德榜样，较多论述礼义，以礼正身、正事、正人。

（二）重法

荀子以礼为体、为本，以法为用、为末，既强调隆礼，也肯定法的重要性。“至道大形，隆礼至法则国有常。”[②] 有礼而无法，美章虚文则留胜于世，难以因时因势而变通。“鲁为秉礼之国，流于文胜，而萎靡不振。……晚周鲁人思想守中和者，难造时势。”[③] 鲁国无法可以为治，因而儒士痛感礼义无力振兴，纠正文胜之弊，奋而以重法为要。“然必齐、鲁间儒生感礼让为治，不可起衰救蔽，于是变而崇法。”[④] 人恶之本性须师承家法加以矫正，以法度使其合于道。“人的天然本性是追求利欲的，而礼的作用则是通过‘度量分界’对人欲的无限追求做出限制，两者之间不免有冲突。尤其到了战国时代，礼崩乐坏，人欲横流，仅仅依靠礼已经无法确保社会秩序的正常运转。此时，礼的实现必须要诉之于一种强制性。”[⑤] 故圣人“明礼义以化之，起法正义治之，重刑罚以禁之，使天下皆出于治，合于善也”。[⑥]

尽管荀子肯定法的作用，但是仍以礼为本，称法治为“暴察之威”，称礼治为“道德之威”。“荀子重法是以礼、以道德教化为前提。这是他和法家思想最大的区别。”[⑦] 人若以礼规范自身，则君子之品行则成。如若民众尊礼行义，那么其行为就好合乎法度。再者，法度要以礼为根据。“礼者，法之大分、类之纲纪也。”[⑧] 在荀子看来，礼是法之准绳。法则以依礼义而生。“故非礼，是无法也。”[⑨] 礼义若无，

---

① 魏承思：《解读荀子》，上海人民出版社，2019 年版，第 36 页。
② 楼宇烈等：《荀子新注》，中华书局，2018 年版，第 243 页。
③ 熊十力：《原儒》，上海古籍出版社、上海书店出版社，2019 年版，第 46 页。
④ 熊十力：《原儒》，上海古籍出版社、上海书店出版社，2019 年版，第 45 页。
⑤ 魏承思：《解读荀子》，上海人民出版社，2019 年版，第 449 页。
⑥ 楼宇烈等：《荀子新注》，中华书局，2018 年版，第 480 页。
⑦ 魏承思：《解读荀子》，上海人民出版社，2019 年版，第 37 页。
⑧ 楼宇烈等：《荀子新注》，中华书局，2018 年版，第 10 页。
⑨ 楼宇烈等：《荀子新注》，中华书局，2018 年版，第 28 页。

则法根本无从谈起。“圣人积思虑、习伪故，以生礼义而起法度。”“故圣人化性而起伪，为起而生礼义，礼义生而制法度。”[①] 荀子在《天道》中讲到人治和法治的得失，认为二者不可偏废。“君人者，隆礼尊贤而王，重法爱民而霸。”[②] 正如熊十力先生所言，“礼为治本，而辅以法，亦相反相成。”[③] 总而言之，荀子以孔子礼学为旨，提出隆礼重法的主张，开创了汉代儒法合流的先河。“如果不只是停留在抽象的纯隆礼讨论，而是从社会现实人性来谈谈，那么荀子的说法应当说是言之有理的，是有重要现实意义的，更是中国传统文化‘人文化成’的根本精神的践行。”[④]

二、选编评述

（一）原文选编

◎见善，修然必以自存也；见不善，愀然必以自省也；善在身，介然必以自好也；不善在身，菑然必以自恶也。故非我而当者，吾师也；是我而当者，吾友也；谄谀我者，吾贼也。故君子隆师而亲友，以致恶其贼。好善无厌，受谏而能诫，虽欲无进，得乎哉？小人反是，致乱，而恶人之非己也；致不肖，而欲人之贤己也；心如虎狼、行如禽兽，而又恶人之贼己也。谄谀者亲，谏争者疏，修正为笑，至忠为贼，虽欲无灭亡，得乎哉？《诗》曰：“嗡嗡呰呰，亦孔之哀。谋之其臧，则具是违；谋之不臧，则具是依。”此之谓也。

扁善之度，以治气养生则后彭祖，以修身自强，名则配尧、禹。宜于时通，利以处穷，礼信是也。凡用血气、志意、知虑，由礼则治通，不由礼则勃乱提僈；食饮、衣服、居处、动静，由礼则和节，不

① 楼宇烈等：《荀子新注》，中华书局，2018 年版，第 478 页。
② 楼宇烈等：《荀子新注》，中华书局，2018 年版，第 337 页。
③ 熊十力：《原儒》，上海古籍出版社、上海书店出版社，2019 年版，第 54 页。
④ 楼宇烈等：《荀子新注》，中华书局，2018 年版，第 5 页。

由礼则触陷生疾；容貌、态度、进退、趋行，由礼则雅，不由礼则夷固僻违，庸众而野。故人无礼则不生，事无礼则不成，国家无礼则不宁。《诗》曰："礼仪卒度，笑语卒获。"此之谓也。

以善先人者谓之教，以善和人者谓之顺；以不善先人者谓之谄，以不善和人者谓之谀。是是、非非谓之知；非是、是非谓之愚。伤良曰谗，害良曰贼。是谓是、非谓非曰直。窃货曰盗，匿行曰诈，易言曰诞，趣舍无定谓之无常，保利弃义谓之至贼。多闻曰博，少闻曰浅。多见曰闲，少见曰陋。难进曰偍，易忘曰漏。少而理曰治，多而乱曰秏。

治气、养心之术：血气刚强，则柔之以调和；知虑渐深，则一之以易良；勇胆猛戾，则辅之以道顺；齐给便利，则节之以动止；狭隘褊小，则廓之以广大；卑湿重迟贪利，则抗之以高志；庸众驽散，则劫之以师友；怠慢僄弃，则之炤以祸灾；愚款端悫，则合之以礼乐，通之以思索。凡治气、养心之术，莫径由礼，莫要得师，莫神一好。夫是之谓治气、养心之术也。

志意修则骄富贵，道义重则轻王公；内省而外物轻矣。传曰："君子役物，小人役于物。"此之谓矣。身劳而心安，为之；利少而义多，为之；事乱君而通，不如事穷君而顺焉。故良农不为水旱不耕，良贾不为折阅不市，士君子不为贫穷怠乎道。

体恭敬而心忠信，术礼义而情爱人，横行天下，虽困四夷，人莫不贵；劳苦之事则争先，饶乐之事则能让，端悫诚信，拘守而详，横行天下，虽困四夷，人莫不任。体倨固而心势诈，术顺墨而精杂污，横行天下，虽达四方，人莫不贱；劳苦之事则偷儒转脱，饶乐之事则佞兑而不曲，辟违而不悫，程役而不录，横行天下，虽达四方，人莫不弃。

行而供翼，非渍淖也；行而俯项，非击戾也；偶视而先俯，非恐惧也。然夫士欲独修其身，不以得罪于比俗之人也。

夫骥一日而千里，驽马十驾则亦及之矣。将以穷无穷，逐无极与？其折骨、绝筋终身不可以相及也。将有所止之，则千里虽远，亦或迟、或速，或先、或后，胡为乎其不可以相及也！不识步道者，将以穷无穷、逐无极与？意亦有所止之与？夫坚白、同异、有厚无厚之察，非不察也，然而君子不辩，止之也；倚魁之行，非不难也，然而君子不行，止之也。故学曰：“迟彼止而待我，我行而就之，则亦或迟、或速，或先、或后，胡为乎其不可以同至也？”故跬步而不休，跛鳖千里；累土而不辍，丘山崇成；厌其源，开其渎，江河可竭；一进一退，一左一右，六骥不致。彼人之才性之相县也，岂若跛鳖之与六骥足哉？然而跛鳖致之，六骥不致，是无他故焉，或为之或不为尔！道虽迩，不行不至；事虽小，不为不成。其为人也多暇日者，其出入不远矣。

好法而行，士也；笃志而体，君子也；齐明而不竭，圣人也。人无法则伥伥然，有法而无志其义则渠渠然，依乎法而又深其类，然后温温然。

礼者，所以正身也；师者，所以正礼也。无礼，何以正身？无师，吾安知礼之为是也？礼然而然，则是情安礼也；师云而云，则是知若师也。情安礼，知若师，则是圣人也。故非礼，是无法也；非师，是无师也。不是师法，而好自用，譬之是犹以盲辨色，以聋辨声也，舍乱妄无为也。故学也者，礼法也；夫师以身为正仪，而贵自安者也。《诗》云：“不识不知，顺帝之则。”此之谓也。

端悫顺弟，则可谓善少者矣；加好学逊敏焉，则有钧无上，可以为君子者矣。偷儒惮事，无廉耻而嗜乎饮食，则可谓恶少者矣；加惕悍而不顺，险贼而不弟焉，则可谓不详少者矣。虽陷刑戮可也。

老老，而壮者归焉；不穷穷，而通者积焉；行乎冥冥而施乎无报，而贤、不肖一焉。人有此三行，虽有大过，天其不遂乎。

君子之求利也略，其远害也早，其避辱也惧，其行启发也勇。

君子贫穷而志广，富贵而体恭，安燕而血气不惰，穷倦而容貌不枯，怒不过夺，喜不过予。君子贫穷而志广，隆仁也；富贵而体恭，杀势也；安燕而血气不惰，柬理也。劳倦而容貌不枯，好交也；怒不过夺，喜不过予，是法胜私也。《书》曰：“无有作好，遵王之道；无

有作恶，遵王之路。”此言君子之能以公义胜私欲也。（《荀子·修身篇》）①

◎礼起于何也？曰：人生而有欲，欲而不得，则不能无求，求而无度量分界，则不能不争。争则乱，乱则穷。先王恶其乱也，故制礼义以分之，以养人之欲，给人之求。使欲必不穷于物，物必不屈于欲，两者相持而长，是礼之所起也。

……

礼有三本：天地者，生之本也；先祖者，类之本也；君师者，治之本也。无天地，恶生？无先祖，恶出？无君师，恶治？三者偏亡，焉无安人。故礼，上事天，下事地，尊先祖而隆君师，是礼之三本也。

……

礼之理诚深矣，“坚白”“同异”之察入焉而溺；其理诚大矣，擅作典制辟陋之说入焉而丧；其理诚高矣，暴慢恣孳轻俗以为高之属入焉而队。故绳墨诚陈矣，则不可欺以曲直；衡诚县矣，则不可欺以轻重；规矩诚设矣，则不可欺以方圆；君子审于礼，则不可欺以诈伪。故绳者，直之至；衡者，平之至；规矩者，方圆之至；礼者，人道之极也。然而不法礼，不足礼，谓之无方之民；法礼，足礼，谓之有方之士。礼之中焉能思索，谓之能虑；礼之中焉能勿易，谓之能固。能虑，能固，加好者焉，斯圣人矣。故天者，高之极也；地者，下之极也；无穷者，广之极也；圣人者，人道之极也。故学者，固学为圣人也，非特学无方之民也。

礼者，以财物为用，以贵贱为文，以多少为异，以隆杀为要。文理繁，情用省，是礼之隆也。文理省，情用繁，是礼之杀也。文理情用相为内外表墨，并行而杂，是礼之中流也。故君子上致其隆，下尽其杀，而中处其中。步骤驰骋厉骛不外是矣，是君子之坛宇宫廷也。人有是，士君子也；外是，民也；于是其中焉，方皇周挟，曲得其次

① 楼宇烈等：《荀子新注》，中华书局，2018年版，第19—30页。

序，是圣人也。故厚者，礼之积也；大者，礼之广也；高者，礼之隆也；明者，礼之尽也。《诗》曰："礼仪卒度，笑语卒获。"此之谓也。(《荀子·礼论篇》)①

◎今人之性，生而有好利焉，顺是，故争夺生而辞让亡焉；生而有疾恶焉，顺是，故残贼生而忠信亡焉；生而有耳目之欲，有好声色焉，顺是，故淫乱生而礼义文理亡焉。然则从人之性，顺人之情，必出于争夺，合于犯分乱理而归于暴。故必将有师法之化、礼义之道，然后出于辞让，合于文理而归于治。用此观之，人之性恶明矣，其善者伪也。

故枸木必将待檃栝烝矫然后直，钝金必将待砻厉然后利。今人之性恶，必将待师法然后正，得礼义然后治。今人无师法，则偏险而不正；无礼义，则悖乱而不治。古者圣王以人性恶，以为偏险而不正，悖乱而不治，是以为之起礼义、制法度，以矫饰人之情性而正之，以扰化人之情性而导之也。始皆出于治，合于道者也。今之人，化师法，积文学，道礼义者为君子；纵性情，安恣睢，而违礼义者为小人。用此观之，人之性恶明矣，其善者伪也。

孟子曰："人之学者，其性善。"曰：是不然！是不及知人之性，而不察乎人之性伪之分者也。凡性者，天之就也，不可学，不可事。礼义者，圣人之所生也，人之所学而能、所事而成者也。不可学、不可事而在人者，谓之性；可学而能，可事而成之在人者，谓之伪，是性伪之分也。

今人之性，目可以见，耳可以听。夫可以见之明不离目，可以听之聪不离耳，目明而耳聪，不可学明矣。孟子曰："今人之性善，将皆失丧其性故也。"

曰："若是则过矣。今人之性，生而离其朴，离其资，必失而丧之。用此观之，然则人之性恶明矣。所谓性善者，不离其朴而美之，

① 楼宇烈等：《荀子新注》，中华书局，2018 年版，第 375—385 页。

不离其资而利之也。使夫资朴之于美，心意之于善，若夫可以见之明不离目，可以听之聪不离耳，故曰目明而耳聪也。今人之性，饥而欲饱，寒而欲暖，劳而欲休，此人之情性也。今人见长而不敢先食者，将有所让也；劳而不敢求息者，将有所代也。夫子之让乎父，弟之让乎兄，子之代乎父，弟之代乎兄，此二行者，皆反于性而悖于情也；然而孝子之道，礼义之文理也。故顺情性则不辞让矣，辞让则悖于情性矣。用此观之，人之性恶明矣，其善者伪也。”

问者曰：“人之性恶，则礼义恶生？”应之曰：凡礼义者，是生于圣人之伪，非故生于人之性也。故陶人埏埴而为器，然则器生于陶人之伪，非故生于人之性也。故工人斫木而成器，然则器生于工人之伪，非故生于人之性也。圣人积思虑，习伪故，以生礼义而起法度，然则礼义法度者，是生于圣人之伪，非故生于人之性也。若夫目好色，耳好听，口好味，心好利，骨体肤理好愉佚，是皆生于人之情性者也；感而自然，不待事而后生之者也。夫感而不能然，必且待事而后然者，谓之生于伪。是性伪之所生，其不同之征也。故圣人化性而起伪，伪起而生礼义。礼义生而制法度。然则礼义法度者，是圣人之所生也。故圣人之所以同于众其不异于众者，性也；所以异而过众者，伪也。夫好利而欲得者，此人之情性也。假之有弟兄资财而分者，且顺情性，好利而欲得，若是则兄弟相拂夺矣；且化礼义之文理，若是则让乎国人矣。故顺情性则弟兄争矣，化礼义则让乎国人矣。

凡人之欲为善者，为性恶也。夫薄愿厚，恶愿美，狭愿广，贫愿富，贱愿贵，苟无之中者，必求于外；故富而不愿财，贵而不愿埶，苟有之中者，必不及于外。用此观之，人之欲为善者，为性恶也。今人之性，固无礼义，故强学而求有之也；性不知礼义，故思虑而求知之也。然则性而已，则人无礼义，不知礼义。人无礼义则乱，不知礼义则悖，然则性而已，则悖乱在已。用此观之，人之性恶明矣，其善者伪也。

孟子曰：“人之性善。”曰：是不然。凡古今天下之所谓善者，正理平治也；所谓恶者，偏险悖乱也。是善恶之分也已。今诚以人之性固正理平治邪?则有恶用圣王,恶用礼义哉!虽有圣王礼义,将曷加于正理平治也哉!今不然,人之性恶。故古者圣人以人之性恶,以为偏险而不正,悖乱而不治,故为之立君上之埶以临之,明礼义以化之,起法正以治之,重刑罚以禁之,使天下皆出于治,合于善也。是圣王之治而礼义之化也。今当试去君上之势,无礼义之化,去法正之治,无刑罚之禁,倚而观天下民人之相与也;若是,则夫强者害弱而夺之,众者暴寡而哗之,天下悖乱而相亡不待顷也。用此观之,然则人之性恶明矣,其善者伪也。

故善言古者必有节于今;善言天者,必有征于人。凡论者,贵其有辨合、有符验。故坐而言之,起而可设,张而可施行。今孟子曰:"人之性善。"无辨合符验,坐而言之,起而不可设,张而不可施行,岂不过甚矣哉!故性善则去圣王,息礼义矣;性恶则与圣王,贵礼义矣。故檃栝之生,为枸木也;绳墨之起,为不直也;立君上,明礼义,为性恶也。用此观之,然则人之性恶明矣,其善者伪也。

直木不待檃栝而直者,其性直也。枸木必将待檃栝烝矫然后直者,以其性不直也。今人之性恶,必将待圣王之治,礼义之化,然后始出于治、合于善也。用此观之,人之性恶明矣,其善者伪也。

问者曰:"礼义积伪者,是人之性,故圣人能生之也。"应之曰:是不然!夫陶人埏埴而生瓦,然则瓦埴岂陶人之性也哉?工人斫木而生器,然则器木岂工人之性也哉?夫圣人之于礼义也,辟则陶埏而生之也。然则礼义积伪者,岂人之本性也哉?凡人之性者,尧、舜之与桀、跖,其性一也;君子之与小人,其性一也。今将以礼义积伪为人之性邪?然则有曷贵尧、禹,曷贵君子矣哉?凡贵尧、禹、君子者,能化性,能起伪,伪起而生礼义;然则圣人之于礼义积伪也,亦犹陶埏而为之也。用此观之,然则礼义积伪者,岂人之性也哉?所贱于桀、跖、小人者,从其性,顺其情,安恣睢,以出乎贪利争夺。故人之性恶明矣,其善者伪也。

天非私曾、骞、孝己而外众人也;然而曾、骞、孝己独厚于孝之实,而全于孝之名者,何也?以綦于礼义故也。天非私齐、鲁之民而外秦人也，然而于父子之义，夫妇之别，不如齐、鲁之孝具敬文者，何也？以秦人从情性，安恣睢，慢于礼义故也，岂其性异矣哉！

“涂之人可以为禹。”曷谓也？曰：凡禹之所以为禹者，以其为仁义法正也。然则仁义法正有可知可能之理，然而涂之人也，皆有可以知仁义法正之质，皆有可以能仁义法正之具；然则其可以为禹明矣。今以仁义法正为固无可知可能之理邪？然则唯禹不知仁义法正，不能仁义法正也。将使涂之人固无可以知仁义法正之质，而固无可以能仁义法正之具邪？然则涂之人也，且内不可以知父子之义，外不可以知君臣之正。不然，今涂之人者，皆内可以知父子之义，外可以知君臣之正，然则其可以知之质，可以能之具，其在涂之人明矣。今使涂之人者，以其可以知之质，可以能之具，本夫仁义法正之可知可能之理，然则其可以为禹明矣。今使涂之人伏术为学，专心一志，思索孰察，加日县久，积善而不息，则通于神明，参于天地矣。故圣人者，人之所积而致矣。

曰：“圣可积而致，然而皆不可积，何也？”曰：可以而不可使也。故小人可以为君子而不肯为君子，君子可以为小人而不肯为小人。小人、君子者，未尝不可以相为也；然而不相为者，可以而不可使也。故涂之人可以为禹，则然；涂之人能为禹，未必然也。虽不能为禹，无害可以为禹。足可以遍行天下，然而未尝有遍行天下者也。夫工匠农贾，未尝不可以相为事也，然而未尝能相为事也。用此观之，然则可以为，未必能也；虽不能，无害可以为。然则能不能之与可不可，其不同远矣，其不可以相为明矣。

尧问于舜曰：“人情何如？”舜对曰：“人情甚不美，又何问焉？妻子具而孝衰于亲，嗜欲得而信衰于友，爵禄盈而忠衰于君。人之情乎！人之情乎！甚不美，又何问焉？”唯贤者为不然。有圣人之知者，有士君子之知者，有小人之知者，有役夫之知者。多言则文而类，终日议其所以，言之千举万变，其统类一也，是圣人之知也。少言则径而省，论而法，若佚之以绳，是士君子之知也。其言也谄，其行也悖，其举事多悔，是小人之知也。齐给便敏而无类，杂能旁魄而无用，析速粹孰而不急，不恤是非，不论曲直，以期胜人为意，是役夫之知也。

有上勇者，有中勇者，有下勇者。天下有中，敢直其身；先王有道，敢行其意；上不循于乱世之君，下不俗于乱世之民；仁之所在无贫穷，仁之所亡无富贵，天下知之，则欲与天下同共乐之，天下不知之，则傀然独立天地之间而不畏：是上勇也。礼恭而意俭，大齐信焉而轻货财；贤者敢推而尚之，不肖者敢援而废之，是中勇也。轻身而重货，恬祸而广解苟免；不恤是非、然不然之情，以期胜人为意，是下勇也。

繁弱、巨黍、古之良弓也；然而不得排檠，则不能自正。桓公之葱，太公之阙，文王之录，庄君之曶，阖闾之干将、莫邪、巨阙、辟闾，此皆古之良剑也；然而不加砥厉则不能利，不得人力则不能断。骅骝、騹骥、纤离、绿耳，此皆古之良马也；然而必前有衔辔之制，后有鞭策之威，加之以造父之驶，然后一日而致千里也。夫人虽有性质美而心辩知，必将求贤师而事之，择良友而友之。得贤师而事之，则所闻者尧、舜、禹、汤之道也；得良友而友之，则所见者忠信敬让之行也。身日进于仁义而不自知也者，靡使然也。今与不善人处，则所闻者欺诬、诈伪也，所见者污漫、淫邪、贪利之行也。身且加于刑戮而不自知者，靡使然也。传曰："不知其子视其友，不知其君视其左右。"靡而已矣！靡而已矣！（《荀子·性恶篇》）①

（二）简述短评

在荀子看来，礼是为学、修身、养情、做事的准则，以别贵贱、内外，分轻重。"礼者，人道之极也。"对于礼，荀子并没有拘泥于伦理道德、行为规范、礼节仪式，反而侧重从调节社会纷争、社会需求与物质之间相反相成的关系阐明礼的起因及其功效。"故礼及身而行修，义及国而政明。"（《荀子·致士篇》）礼不仅要"养人之欲，给人之求"，也要"使欲必不穷乎物，物必不屈于欲"，从而"两者相持而

① 楼宇烈等：《荀子新注》，中华书局，2018 年版，第 474—489 页。

长”。礼并不是无关社会经济现实的空洞礼教，反而也关涉伦理道德的公正基础和物质基础，“度量分界”而平衡物与欲。礼之根本在于敬、“大报本”，以天地、祖亲、君师为礼之三本，“以顺人心为本”。荀子并不主张固守旧礼，反而认为“循其旧法，择其善者而明用之”（《荀子·王霸篇》）。法往往论事，然而礼往往论心。

三、经史参照

诸葛孔明兼行礼法

诸葛亮字孔明，琅琊阳都人，晴耕雨读于南阳，独观大略，精通儒法道等诸子经典，自比于管仲、乐毅，少有“逸群之才，真霸之器”。当世“法制风俗之蔽壤也至此，于是吾国大政治家，秦汉后之第一伟人，乃乘此潮流而崛起矣”。[①] 后诸葛孔明鞠躬尽瘁，成千秋万世令人备赏的为人做事之表率。尽管杜甫在《蜀相》中诗言“出师未捷身先死，长使英雄泪满襟”，然而即便如此刘备自感如鱼得水，司马懿则称诸葛亮“真乃天下奇才也”。陈寿认为应变并非诸葛亮之所长，却依然言称：“尽忠益时者虽仇必赏，犯法怠慢者虽亲必罚，服罪输情者虽重必释，游辞巧饰者虽轻必戮。善无微不赏，恶无纤而不贬。……终于邦域之内，咸畏而爱之，刑政虽峻而无怨者，以其用心平而劝戒明也。”[②] 书圣王羲之赞曰：“诸葛经国达治无简然，处事而无玷累，获全名于数代。至于建鼎足之势，未能忘已，所谓命世大才，以天下为心者，容得尔乎?”唐太宗李世民称诸葛孔明为一代贤相，为政至公。南宋洪迈则称“诸葛孔明千载人，其用兵行师，皆本于仁义节制，自三代以降，未之有也”。清朝康熙帝直言，为人臣者，仅诸葛亮一人

① 梁启超等：《中国六大政治家》，中华书局，2015 年版，第 177 页。
② 陈寿：《三国志》，上海古籍出版社，2019 年版，第 862—863 页。

耳。乾隆则视“诸葛孔明为三代以下第一流人物，约其生平，亦曰公忠二字而已。公故无我，忠故无私，无我无私，然后志气清明而经纶中理”。钱穆评价诸葛亮，“有一诸葛，已可使三国照耀后世，一如两汉。”

陈寿言诸葛孔明“立法施度，整理戎旅，工械技巧，物究其极，科教严明，赏罚必信，无恶不惩，无善不显，至于吏不容奸，人怀自厉，道不拾遗，强不侵弱，风化肃然也”①。诸葛孔明尽知汉室失纲亡纪所致之乱，而主张且践行立纲肃纪。晋朝之初士大夫共论诸葛孔明时多讥其劳困蜀民，力小谋大，不能度德量力，或刑法峻急，刻剥百姓，自君子小人咸怀怨叹。据言时刘备入蜀之功臣法正劝诸葛孔明缓刑驰禁。然而诸葛孔明回答道：“君知其一，未知其二。秦以亡道，政苛民怨，匹夫大呼，天下土崩，高祖因之，可以弘济。刘璋闇弱，自焉以来有累世之恩，文法羁縻，互相承奉，德政不举，威刑不肃。蜀土人士，专权自恣，君臣之道，渐以陵替；宠之以位，位极则贱，顺之以恩，恩竭则慢。所以致弊，实由于此。吾今威之以法，法行则知恩；限之以爵，爵加则知荣。恩荣并济，上下有节。为治之要，于斯而著矣。”② 秦朝因无礼义之道，由此苛政引起民怨，然而刘璋治下的益州文理德政尽失，有刑无威。因而诸葛孔明寻求立法行法以使其知恩知荣之礼道。

刘璋所治之蜀地，士大夫多挟其财势，欺凌小民，使蜀中之民思为乱者，十户而八。面对法令废弛、特权横行的益州，诸葛孔明内修政理，刑礼并重，厉行法治，立足实际，强调治实不治名，既主张“治世应以大德，不以小惠”，以教化树风尚，又注重“威之以法”，以法度拨乱趋治。可谓“乱世重宽容，驰世重用典”。“汉高祖入关时的天下局势，才能称之为乱世，诸葛亮入蜀时的益州政局，应称为驰世。‘驰世’是公权力不被尊重，官僚荒怠，民众玩法，必须以重典来

① 陈寿：《三国志》，上海古籍出版社，2019 年版，第 859 页。
② 陈寿：《三国志》，上海古籍出版社，2019 年版，第 847 页。

整顿之。‘乱世’是公权力不被认同，彼此各持不同立场，争执不休，这时最重要的是以宽容的策略来争取共识。”① 诸葛孔明强调法令因地制宜，因时而变。诸葛孔明七擒孟获，七次加以释放，以宽容之心待之，然也挥泪斩马谡，流涕曰：孙武所以制胜于天下者，用法明也。由此观之，宽严相济，刚柔并进，当宽则宽，当严则严。行法当因时而变，因事而度，不可墨守成规旧习。尤为重要的是，诸葛孔明以身施法，以法崇正礼，克己节制。在《诫子书》中，诸葛孔明明言："君子之行，静以修身，非澹薄无以明志，非宁静无以致远。"诸葛孔明亦言："酒之设，合礼致情，适体归性，礼终而退，此和之至也。"② 晋朝人习凿齿曾言："法行于不可用，刑加乎自犯之罪，爵之而非私，诛之而不怒，天下有不服者乎！诸葛亮可谓真能用刑者矣，自秦汉以来，未之有也。"

诸葛孔明"生平学派，史无明文；以后来相业观之，必兼治管商名墨诸家之学，而必非专耽儒术者，所见如是，宜乎不肯疲精力于章句训诂也。……独寻绝学于举世不为之时，非独诵其书穷其义蕴而已，且能举其所学，措诸实用，使后世读书之士，知古人一家之学，皆自有其得力之处，与其致用之方，而非徒以理想之空言，表异于儒术也。非伟人而能若是乎?"③ 历史学家陈文德认为，其礼法哲学主要来自先秦的法家商鞅和韩非子，以及汉儒董仲舒。诸葛孔明主张法礼并用，威德并行，行法与教化合二为一，强调"训章明法""劝善黜恶"，即以法为体，着重公平客观；以德为用，着重教化为本。诸葛亮也特别重视人才培养，在于深知徒法不足以自行。④ 清代文人赵藩在诸葛武侯祠题的一副对联说明了诸葛孔明的礼法观，即"能攻心则反侧自消，从古知兵非好战；不审势即宽严皆误，后来治蜀要深思"。中国礼法要攻心审势，审时度势，依势而定。

---

① 陈文德：《诸葛亮大传》，九州图书出版社，1994年版，第226页。

② 诸葛亮：《诸葛亮集》，中华书局，2014年版，第28页。

③ 梁启超等：《中国六大政治家》，中华书局，2015年版，第177页。

④ 陈文德：《诸葛亮大传》，九州图书出版社，1994年版，第228、233页。

第八章

儒家文化之知行

《传习录》

王阳明是明代著名思想家、文学家、哲学家、政治家、军事家，是陆王心学之集大成者，因平定朱宸濠之乱而被封为新建伯，死后谥文成。阳明先生先出于“释老”而后归本“孔孟”，龙场悟道而成阳明哲学，精通儒释道，与孔子、孟子、朱熹并称为孔孟朱王，立德、立功、立言皆居绝顶，万历年间得以从祀于孔庙惠泽后世。在贵州龙场，阳明先生“受到了当地少数民族群众的关怀和呵护，从而使他深深地认识到，‘天理’不应从外在讲求，因为‘天理’就在基层人民群众的心中，追求‘天理’就是发现基层人民群众宽广善良的胸怀，而这就是‘致良知’，也就是王阳明所谓的‘龙场悟道’，以此复兴了中华文化，塑造着中国历史进程”。[①] 阳明先生困知勉行，返本开新，洗涤程朱理学之蔽见。“王阳明富于创造精神，他的哲学依托当时程朱派的经院习气，具有一种勇往直前的气概，充满了生气勃勃的活力。他能像禅宗大师一样用某些令人惊奇的指点方法使人领悟，他的思想盈溢着生命的智慧，因而十分有感染力和吸引力。”[②] 阳明先生以己之体认、事功重塑儒家经世事、致知行之实践价值，临终遗言“此心光明，亦复何言”，点明其学问之精髓，立儒学之新风而成一代鸿儒。钱穆指出，阳明思想的价值在于他以一种全新的方式解决了宋儒留下的“万物一体”和“变化气质”的问题。阳明先生的良知观能把心与物、知与行统一起来，泯合朱子偏于外、陆子偏于内的片面性，解决宋儒遗留下来的问题。[③] 哲学家陈荣捷称赞之，“孔、孟、朱熹等人在中国思想上，曾有强烈的影响，但他们也有显赫的论敌，而阳明则是奇峰特起，一时无两。”[④]

明穆宗称许王阳明先生“两肩正气，一代伟人，具拨乱反正之才，展救世安民之略”。阳明先生再传弟子徐阶以阳明智慧除掉奸臣严嵩，官任内阁首辅。划时代的奇才张居正以心学修养力行政革，挽救明朝

---

① 韩毓海：《重读毛泽东》，中信出版社，2016 年版，第 10 页。

② 陈来：《有无之境：王阳明哲学的精神》，人民出版社，1991 年版，第 2 页。

③ 钱穆：《阳明学述要》，九州出版社，2010 年版。

④ 陈荣捷：《中国哲学文献选编》，江苏教育出版社，2006 年版，第 547 页。

危局。徐阶、泰州学派创立者王艮、明末清初的黄宗羲等是阳明学问的代表性传人。尽管王艮声名并不显赫，然而所创立的泰州学派深刻影响晚清时期的洋务运动、改良运动、维新运动，而且王艮被视为中国早期启蒙思潮的先驱者。黄宗羲被梁启超称为“清代王学唯一之大师”，称阳明先生“救学者支离眩骛，务华而绝根之病，可谓震霆启寐，烈耀破迷，自孔孟以来，未有如此深切著明者也”。[①] 清末改革救亡图存之际，林则徐、曾国藩、梁启超、陈独秀、严复、胡适无不以阳明先生为指引。事事效仿与追慕阳明先生的曾国藩叹言：“明代论学，每尚空谈，惟阳明能发为事功”，“阳明之文有光明俊伟之象”。梁启超赞誉“阳明是一位豪杰之士，他的学术像打药针一般令人兴奋，所以能做五百年道学结束，吐很大光芒”。[②] 孙中山更为赞叹“心之为用大矣哉”，强调行易知难，在《建国方略》中指出，“夫国者人之积也，人者心之器也，而国事者一人群心理之现象也。”[③] 一个人心正则事成，一个国家心正则天下成。

杜维明赞阳明先生“既有思想创新，又能把新观念创造性地应用到军事谋略、社会组织、地方政府的治理上。在这两个方面都闪耀着灿烂光芒的儒学宗师，中国历史上惟有王阳明一人”，尊阳明先生为“孔孟之道的最伟大的模范教师之一”。[④] 杜维明断定“在东亚近百年来，儒家学说的源头活水在王阳明”，预判“21 世纪将是阳明学的世纪”。如阳明精舍舍长蒋庆先生所言：“阳明先生，中土之圣哲也。五百年来，中土之圣哲未有居于阳明先生之上者也。……故处今之世，欲学圣贤，孔孟而外，当首推阳明。”[⑤] 由此看书要看《传习录》，为人治学、为政打仗需学王阳明。

---

① 黄宗羲：《明儒学案（上册）》，中华书局，2008 年版，第 7 页。

② 梁启超：《中国近三百年学术史》，商务印书馆，2011 年版，第 3 页。

③ 孙中山：《孙中山选集》，人民出版社，2011 年版，第 122 页。

④ 杜维明：《杜维明文集（第 3 卷）》，武汉出版社，2002 年版，第 5、186 页。

⑤ 蒋庆：《中文版序二》，［日］冈田武彦著，杨田等译：《王阳明大传》，重庆出版社，2014 年版，第 7 页。

一、导读

阳明先生年少时依然确立自求为圣人之志，曰“等第恐未为第一等事，或读书学圣贤耳”[①]。明朝中期有人满口仁义道德，却行利己之实，身居朝堂，阿谀奉承，败坏朝纲，更祸国殃民，致使人心叵测、世风日下、民不聊生。当时“危机的标志是宦官专权、任人唯亲和深重的社会不安全感”。[②] 程朱理学之格物穷理之说并未言明“理一万殊”的合一之道，导致心与理无法合一的问题。与其不同的是，陆九渊[③]把人的主观精神“心”作为本源，用以反对朱熹将心与理一分为二的理学，革除士人只重诵读古书而忽视主观精神修炼之流弊。正所谓阳明先生在《别湛甘泉序》中所述，“言益详，道益晦，析理益精，学益支离无本，而事于外者益繁以难”。[④] 为此阳明先生破解世儒支离破碎之惑，道尽成圣之至简易行的法门，即“吾辈用功只求日减，不

---

① 王守仁：《王阳明全集（第4卷）》，线装书局，2014年版，第4页。

② 杜维明：《杜维明文集（第3卷）》，武汉出版社，2002年版，第6页。

③ 陆九渊（1139—1193年）号象山，字子静，自号象山翁，世称象山先生、存斋先生，被后人称为“陆子”，是宋明两代“心学”的开山鼻祖。其自学成才，将儒家孟子的思想和佛教思想相结合，形成了一套独特的理论，经明代陈献章、湛若水的发展，经王守仁集大成，形成了中国哲学史上著名的“陆王学派”。

④ 湛若水（1466—1560年），字元明，号甘泉，广东广州府增城府甘泉都（今广州市增城区新塘）人，明代著名的思想家、哲学家、政治家、教育家、书法家、大儒。其赴新会县拜名儒陈献章为师，由于得到严师的耳提面命，学识大为长进，深得陈献章的赏识，因而成为白沙学说的衣钵传人。湛若水在继承陈献章学说的基础上，以“随处体认天理”为宗，提出“格物为体认天理”与“为学先须认仁，仁与天地万物为一体”的理念，存有《湛甘泉集》《圣学格物通》等，创立了“甘泉学派”，终至自成理学的一大门派，与王阳明的“阳明学”被时人并称为“王湛之学”。阳明先生贬谪龙场行前，湛若水等好友赋诗壮行。甘泉先生两首诗如下：其一，皇天常无私，日月常盈亏。圣人常无为，万物常往来。何名为无为？自然无安排。勿忘与勿助，此中有天机。其二，天地我一体，宇宙本同家。与君心已通，别离何怨？浮云去不停，游子路转赊。愿言崇明德，浩浩同无涯。阳明先生与甘泉先生心心相通，语人曰：“受仁从宦三十年，未见此人。”甘泉子则语人曰：“若水泛观于四方，未见此人。”

求日增。减得一分人欲，便是复得一分天理”。[①] 圣人必可学而至，人人皆可成圣。在阳明学问中，心物一体，以心统摄物，知行不二，以谨独致中和。“除了人情事变，则无事矣。喜怒哀乐非人情乎？自视听言动，以至富贵贫贱、患难死生，皆事变也。事变亦只在人情里，其要只在致中和；致中和只在谨独。”[②] 阳明学问是中履和蹈之学，而非纯粹词章之学，需将其融化到待人接物的一言一行之中。然而程朱理学格物以外求他求，而且求道缺少一个统领性的规范，致使心、理无法合二为一，由此终究心、理分殊，实为二分。

阳明先生并没有完全拘泥于程朱理学之束缚，而是返归孔孟原儒，承继孔孟圣贤成己成物之苦心，倡心物一体、体用一源，无事有事必体认至善之本体，致良知之工夫。如孟子曰：“恻隐之心、羞恶有心，人皆有之。”对此，冈田武彦认为，阳明心学的根本特质是“体认培根”。“阳明思想中最出彩的‘体认’，其实是一种情感。西方哲学重理性，东方哲学重情感。如果我们把哲学思想比喻成一颗大树，那么阳明的东方哲学就可以看作是对根的培养，而西方哲学则是对枝枝叶叶的探求。学问有本末之分，阳明哲学乃‘培根之学’，西方哲学乃‘枝叶探求之学’。”[③] 阳明先生言称：“种树者必培其根，种德者必养其心。欲树之长，必于始生时删其繁枝；欲德之盛，必于始学时去夫外好。”[④] 十年树木，百年树人。人要像树那样活，像树木一样顶天立地，像树木那样培养自己心之根本。吾辈修身以成时儒，孔孟荀之外当首推阳明，以从心体认，培根存养，而不失道心。“体认者，实有诸己之谓耳，非若世之想象讲说者之为也。近时同志，莫不知以良知为说，然亦未见有能实体认之者，是以尚未免于疑惑。”[⑤] 由此，学人须体认心之本体，即天理，自行地荡涤私意，勿伤天害理。

---

① 王守仁：《王阳明全集》，线装书局，2014 年版，第 226 页。

② 王阳明著，张靖杰译注：《传习录》，江苏凤凰文艺出版社，2015 年版，第 41 页。

③ ［日］冈田武彦著，杨田等译：《前言》，《王阳明大传》，重庆出版社，2014 年版，第 3 页。

④ 王阳明著，张靖杰译注：《传习录》，江苏凤凰文艺出版社，2015 年版，第 90 页。

⑤ 王守仁：《王阳明全集（第 3 卷）》，线装书局，2014 年版，第 215 页。

（一）心即理

在阳明先生年少时程朱理学盛于天下。那时世儒皆主张格物穷理，经由格物而求得天理。10岁与其父王华讨论读书功用时少年阳明说，“儒者患不知兵。仲尼有文章，必有武备。区区章句之儒，平日叨窃富贵，以词章粉饰太平，临事遇变，束手无策，此通儒之所羞也。”[①] 此时少年阳明渐有经略四方之志，志成圣之心不灭。然而阳明“格”了七天七夜的竹子，并未“格”出什么道理，反而病倒了。“程朱的格物致知，是对经验中的事物一一穷究其理，观察思考得多了，自然会融会贯通，化繁为简，并没有一个固定的标准。少年王守仁想通过格竹一蹴而就，毕其功于一役，彻悟万物之理，想法太浪漫了。”[②] 明孝宗朱佑樘弘治六年（1493年）阳明在会试中落榜，不为落第而耻，反而说“吾以不得第动心为耻”。[③] 后来阳明先生贵州龙场置身石棺之中才悟道，自明“圣人之道，吾性自足，向之求理于事物者误也”。圣人之道尽在吾心，心外无物，心外无理，心外无事，心外无义，心外无善。事事物物皆在自己心里，而无须外求，只需从自己内心发而充之。“子欲观花，则以花为善，以草为恶；如欲用草时，复以草为善矣。此等善恶，皆由汝心好恶所生，故知是错。”[④] 善恶、是非之辩皆出自于心的判断，不为外界观点、舆论所左右或烦忧。

善恶之心全然不在物，而在心。朱熹言称：“心虽主乎一身，而实管天下之理；理虽散在万事，而实不外乎一人之心。”在阳明先生看来，此论实有心理二分之流弊。天下事务虽殊而不同，千变万化，然皆出于心，心与物实无分殊。“事物存在的意义，与可体验的意义不能脱离；事物不能离开你的心而存在，心外无物。”[⑤] 据说有一次一位朋

---

① 吕峥：《明朝一哥王阳明》，万卷出版公司，2010年版，第14页。
② 吕峥：《明朝一哥王阳明》，万卷出版公司，2010年版，第23页。
③ 王守仁：《王阳明全集（第4卷）》，线装书局，2014年版，第6页。
④ 王阳明著，张靖杰译注：《传习录》，江苏凤凰文艺出版社，2015年版，第79页。
⑤ 吕峥：《明朝一哥王阳明》，万卷出版公司，2010年版，第91页。

友指着一朵花问王阳明："你说天下无心外之物，那这朵花在深山中自开自落，于我心有何相关?"王阳明说："你未看此花时，此花与汝同归于寂；你既来看此花，则此花颜色一时明白起来，便知此花不在你心外。"再如，心发一念孝亲，那么孝亲便是物，便是理，便是事。"身之主宰便是心；心之所发便是意；意之本体便是知；意之所在便是物。"① 由此，事、物皆存至善之心，片刻不离心之本体。心本一也，而非有道心、人心之别殊。即使所谓阳明心学有时不同于朱熹理学，然而王阳明与朱熹之心未尝异也，只是"入门下手处有毫厘千里之分，不得不辩"。朱王二圣贤皆求灭人欲、存天理之道心。"人心之得其正者即道心；道心之失其正者即人心：初非有二心也。"② 阳明先生力求破心中贼，以明本道，知善恶，辨是非，正人心，弃功力心，与天地合其德，尽管"破山中贼易，破心中贼难"。之所以有为善，有为不善，全然在于"恶人之心，失其本体"。③ 心即道，道无方体，不可执着。"止于至善岂外求哉? 惟求之吾身而已。"然而可笑可叹的是，学人往往没有体悟至善之本道，却总是向外寻求答案。如阳明先生《咏良知四首示诸生》（其三）诗所言，"人人自有定盘针，万化根源总在心。却笑从前颠倒见，枝枝叶叶外头寻。"相由心生，意随心转。

每个人心有仲尼，都有良知，皆有善根。人人皆性善，良知自存，原有中和，然常人之心有所昏蔽。人们总是痴迷贪欲，"身后多余忘缩手，眼前无路想回头"（《红楼梦》中智通寺的门联），深陷名利场，难得善终。至善是心之本体，但求"明明德"到"至精至一"，无需在事事物物上而逐物求至善，然至善之心未尝离却事物，不可执一偏。"一者天理，主一是一心在天理上。若只知主一，不知一即是理，有事时便是逐物，无事时便是着空。惟其有事无事，一心皆在天理上用功，所以居敬亦即是穷理。"④ 朱熹以"即物穷理"而在事事物物上求其所

① 王阳明著，张靖杰译注：《传习录》，江苏凤凰文艺出版社，2015 年版，第 14 页。
② 王阳明著，张靖杰译注：《传习录》，江苏凤凰文艺出版社，2015 年版，第 18 页。
③ 王阳明著，张靖杰译注：《传习录》，江苏凤凰文艺出版社，2015 年版，第 40 页。
④ 王阳明著，张靖杰译注：《传习录》，江苏凤凰文艺出版社，2015 年版，第 92 页。

为天理，实以吾心求理于事事物物之中，而将心与理以二分而视之。因而当时世儒往往舍心逐物，终日求诸于外，终身行不著、习不察。正如熊十力所言，“心、物只是两方面，确不是两体。物含藏心，心主导物。物受心之主导而机体组织日精，心得物之良缘而明德开发日盛。万物莫不由二物以成。”[①] 如若徒欲多闻多见而不能求诸其心，那将陷于专求诸于见闻之末。格物乃将至善之本体致用于万物，因而知至善乃知格物、格物之始也，否则格物实为无本之根。阳明先生认为，“‘格物’是‘止至善’之功。既知‘至善’，即知‘格物’矣。”[②] 格物意味着诚心诚意地涤除其心之不正处，除去私意、私念、私欲，无论何时何地皆以“明明德”而穷理，反身实践。“学者惟患此心之未能明，不患事变之不能尽。”[③] 学者当从至善之心发力，不断扩充，生生不息，自然成参天大树，成为圣人。如美国作家斯蒂芬·金著的《肖申克的救赎》中所言，强者自渡，圣者渡人。迷时求师寻道，求学于孔孟阳明圣人之道；悟时自渡而无需他求，以责人之心责己，以渡人之心渡己。

良知“此心在物则为理”是阳明学问的关键，即“具体的理体现在心与外部世界所存在的关系之中，脱离与外部世界联系的理没有意义”。[④] 阳明先生以体用一源看待心物的关系。“‘体用一源’，有是体即有是用，有‘未发之中’，即有‘发而皆中节之和’。”[⑤] 由此，研习者不应以主观唯心主义审视阳明心学。心物本相反相成，或心统摄物，或由物反知。“阳明学派反对程、朱《大学·格物补传》而讥其向外求理，实则就格物学而言，非向外求理固不可。陆、王后学误陷于反知与遗物之迷途，而不自悟其失也。然复须知，圣学本不反知，却须上达于证解之境；本不遗物，却须由万殊以会入一本。夫穷理至万化

① 熊十力：《体用论》，上海古籍出版社、上海书店出版社，2019 年版，第 236—237 页。

② 王阳明著，张靖杰译注：《传习录》，江苏凤凰文艺出版社，2015 年版，第 13 页。

③ 王阳明著，张靖杰译注：《传习录》，江苏凤凰文艺出版社，2015 年版，第 31 页。

④ 吕峥：《明朝一哥王阳明》，万卷出版公司，2010 年版，第 136 页。

⑤ 王阳明著，张靖杰译注：《传习录》，江苏凤凰文艺出版社，2015 年版，第 47 页。

根源处，至真至实，而万德皆备。”① 如若要改变自己内心与外物的关系，那先改变自己。如若改变自己，那就先锤炼自己的内心。阳明先生更注重以物照道心、人心、圣人之心之别。如徐爱所言，“心尤镜也，圣人心如明镜，常人心如昏镜。……先生之‘格物’，如磨镜而使之明，磨上用功，明了后亦未尝废照。”② 阳明先生直面支离破碎之病，纠忘己逐物、贪外虚内之失，不以外物扰己，己立后而格物。由此观之，圣人心与常人心不同，一个明亮一个昏暗，因而学人当以诚意擦亮自己的心镜，求诸放心而已。

（二）知行合一

知行亦是中华儒家文化的基本概念和范畴。《尚书》言“知易行难”。相比于程朱学派的“知先行后”，王阳明 38 岁首倡“知行合一”，主张知和行是统一的，以至善之本道而行之。梁启超自认为，“‘知行合一’便是明代第一位大师王阳明先生给我学术史上留下最有价值的一个口号。”③ 在阳明先生看来，知行有三种境界，即尽心、知性、知天，乃生知安行；存心养性事天，乃学知利行；夭寿不贰、修身以俟，乃困知勉行。“知者行之始，行者知之成：圣学只一个功夫，知行不可分作两事。”④ 知行合一看似简单无奇，然而其含义实则复杂深邃。

阳明先生痛感文盛实衰之天下不治之困境，注重求实、实行，而反对辞藻、章句之虚美，倡敦本尚实、反朴还淳之行。“天下之大乱，由虚文胜而实行衰也。”⑤ 繁文缛节往往以功利心行之，致天下无治而乱生。《春秋》以后，繁文日盛，天下日乱。孔子述《六经》，化繁为简，以明正道。秦汉以降，繁文又盛，欲尽去必取法孔子，因时致治。

① 熊十力：《原儒》，上海古籍出版社、上海书店出版社，2019 年版，第 25 页。
② 王阳明著，张靖杰译注：《传习录》，江苏凤凰文艺出版社，2015 年版，第 55 页。
③ 梁启超等：《王阳明传》，新世界出版社，2016 年版，第 171 页。
④ 王阳明著，张靖杰译注：《传习录》，江苏凤凰文艺出版社，2015 年版，第 35 页。
⑤ 王阳明著，张靖杰译注：《传习录》，江苏凤凰文艺出版社，2015 年版，第 19 页。

阳明先生曰："良知本是明白，实落用功便是。不肯用功，只在语言上转说转糊涂。"[①] 龙场悟道后，阳明先生不拘泥于古人，默记下《五经》的内容，并以自己的深思加以注解，集成《五经臆说》，然而遗憾的是此著作并未传世。尽管其弟子钱德洪多次相见此书都被阳明先生婉拒，直到阳明先生百年之后才从其废稿中发现了13条注解。如若不在至善天理上下功夫，专在词章、知识上殚精竭虑，那么知识愈广而人欲愈多，徒愈遮蔽天理，因而自当不拘泥于语言文字、章句辞藻而持圣人之心而在天理上下功夫，从心上用力，不学而自成。

1. 省察存养

人人时时反省己言己行，"省察克治之功，则无时而可间，如去盗贼，须有个扫除廓清之意。无事时将好色好货好名等私逐一追究，搜寻出来，定要拔去病根，永不复起，方始为快。"[②] 省察克治就是诚心诚意地反省，如饥食、渴饮般寻思至善天理，精察是否为好名、好誉、好欲所累。"今为吾所谓格物之学者，尚多流于口耳。况为口耳之学者，能反于此乎？天理人欲，其精微必时时用力省察克制，方日渐有见。如今一说话之间，虽口讲天理，不知心中倏忽之间已有多少私欲。盖有窃发而不知者，虽用力察之，尚不易见，况徒讲而可得尽知乎？今只管讲天理来顿放着不循，讲人欲来顿放着不去，岂格物致知之学？后世之学，其极至，只做得义袭而取的工夫。"[③] 良知之心须从心上体认，不假外求而始得，亦非言语所能喻。格物致知非口耳之学，须省察克治，笃实己为，否则口耳讲说，徒为为人之资而已。"世之讲学者有二：有讲之以身心者，有讲之以口耳者。讲之以口耳，揣摸测度，求之影响者也。讲之以身心，行著习察，实有诸己者也。"[④] 阳明先生自己龙场悟道，"自计得失荣辱皆能超脱，惟生死一念尚觉未化"，只求在自己身心上用功，以至"尽性至命之学"。如己所言，"吾契但著

① 朱晓鹏：《论王阳明的"身心之学"》，《哲学研究》，2013年第1期。
② 王阳明著，张靖杰译注：《传习录》，江苏凤凰文艺出版社，2015年版，第42页。
③ 王阳明著，张靖杰译注：《传习录》，江苏凤凰文艺出版社，2015年版，第67页。
④ 王阳明著，张靖杰译注：《传习录》，江苏凤凰文艺出版社，2015年版，第184页。

实就身心上体履，当下便自知得。今却只从言语文义上窥测，所以牵制支离，转说转糊涂，正是不能知行合一之弊耳。”① 世儒往往“笔下虽有千言，胸中实无一策”，空论误己误人。

据记载，范仲淹、苏洵等人都有自己的簿册，记录功过，鞭策自己，行善去恶。“日录者，所以修检善恶之处”。因此，它是“不教之师也，不说之友也，不诏之君父，不约之法度”。明朝著有《了凡四训》的袁了凡用功过格簿记录反省自己，使功过格成为常用自省之法。

如若知晓心之本体，学人也须持有存养善念，下磨砺心体之功夫，尽管天理并无出入、动静，因为“心之本体原自不动”。“定者心之本体，天理也，动静所遇之时也”②。省察存养相反相成，非为二事，因时而异。“省察是有事时存养，存养是无事时省察。”③ 存养善念须时时克己，放得心之本体，否则终日只是说说而已，病根难除，毫无裨益。“今人于已知天理不肯存，已知之人欲不肯去，且只管愁不能尽知。只管闲讲，何益之有?”④ 以克己功夫方能去除己之私欲，以达无私欲可除。当善念发而知时，扩充之；当恶念发而知时，遏制之。圣人如此，学人当以此存养，自修自悟，亦不假圣人之语，因为“道之全体，圣人亦难以语人”。⑤ 由此，学人时时问辩思索，上达省察存养之功夫，以去心之私欲，存心之天理。

2. 事上磨练

阳明先生强调以心驭万物，以至善之心致格物之事功，即事上磨练。格物就是诚意尽心地做事，以心摄事，以本心行事，体究践履，实地用功，以远离空虚顿悟的佛释言说。“格者，正也。正其不正，以归于正也。”⑥ 如若仅宁静时念念不忘去人欲、存天理，“不惟渐有喜静厌动之弊，中间许多病痛只是潜伏在，终不能绝去，遇事依旧滋长。

① 王守仁:《王阳明全集（第1卷）》，线装书局，2014年版，第208页。
② 王阳明著，张靖杰译注:《传习录》，江苏凤凰文艺出版社，2015年版，第44页。
③ 王阳明著，张靖杰译注:《传习录》，江苏凤凰文艺出版社，2015年版，第40页。
④ 王阳明著，张靖杰译注:《传习录》，江苏凤凰文艺出版社，2015年版，第56页。
⑤ 王阳明著，张靖杰译注:《传习录》，江苏凤凰文艺出版社，2015年版，第65页。
⑥ 王阳明著，张靖杰译注:《传习录》，江苏凤凰文艺出版社，2015年版，第68页。

以循理为主，何尝不宁静；以宁静为主，未必能循理。”[①] 固然时势事变迥异，然而关键在于一个明了的求中功夫，须从本原上用功。“是徒知静养而不用克己工夫也。如此临事，便要倾倒。人须在事上磨，方能立得住；方能静亦定、动亦定。”[②] 由此，学人需以可见、可闻、可言、可思之事由下学而上达，由格物而致知。如王阳明自言，“食味之美恶，必待入口而后知，岂有不待入口而已先知食味之美恶者邪。……路歧之险夷，必待身亲履历而后知，岂有不待身亲履历而已先知路之险夷者邪。”[③] 唯有亲自践行，才能够体认良知，再在实践中体认，终达明觉的心境。

平生有乐，更有苦，圣者自渡。圣人也是从喜怒哀乐未发之中滋养而成。阳明先生之所以立地成圣，在于他自己经历了格竹而病、因上疏而下狱、廷杖革职、贬谪龙场、亡命天涯、因功而受诬等险阻、坎坷，从中化险为夷、体认体悟、自我成长的心路历程。躲过奸宦刘瑾的追杀之后，悟空死生，济利天下之凌云壮志再起，阳明先生题诗寺壁，留下《泛海》的七言绝句：“险夷原不滞胸中，何异浮云过太空？夜静海涛三万里，月明飞锡下天风。”[④] 后来在贵州龙场时据传刘瑾派人前往谋害阳明先生，阳明先生自造石棺，自若答人曰：“吾今惟死而已，他复何计?”阳明先生在磨难中思索，透悟心外无物，坦然面对死亡，历经千难万险方能达视凶险为浮云、“戒慎不睹，恐惧不闻”的自明、仁心境界。恰如阳明先生自言：“某于此良知之说，从百死千生中得来。”当然阳明先生在磨练中不仅做到仁智勇，而且知进退、务虚实，当虚时必务虚。据《年谱》及查继佐的《王守仁传》，锦衣卫杀手追到江畔，阳明虑难得脱，急中生智，用上了当年习学侠客的那

① 王阳明著，张靖杰译注：《传习录》，江苏凤凰文艺出版社，2015 年版，第 36 页。

② 王阳明著，张靖杰译注：《传习录》，江苏凤凰文艺出版社，2015 年版，第 33 页。

③ 王阳明著，张靖杰译注：《传习录》，江苏凤凰文艺出版社，2015 年版，第 114 页。

④ 王守仁：《王阳明全集（第 3 卷）》，线装书局，2014 年版，第 23 页。飞锡：锡杖，即和尚的禅杖。多指和尚云游，作者借此表达他淡然世间荣辱的洒脱心态。飞锡是讲智者大师的典故，大师到了天台山，在两山之间，将锡杖一丢，就乘锡杖而飞过。天风：指天地之正气。

一套本事，将衣服鞋帽或投至江中，或搁置江畔，成功地布置了自杀的假现场，骗过了那些职业杀手。阳明先生不仅己行，苦中乐仁，而且以身言传教，在龙岗书院时要求学子务必做到立志、勤学、改过、责善。阳明先生在《别三子序》嘱徐爱等三人，以己不愿之事磨砺性情，要善于以柔克刚，以《尚书》中的“深潜刚克，高明柔克”[①]送言。

阳明先生自幼笃志佛道，自谓有所得而认为儒不足为学，然35岁时阳明先生被贬到贵州龙场任驿丞，未被穷乡困境之外物所束缚，在某晚想起《大学》的“格物致知”，体悟出“心外无理”之道，始见得儒圣之学简易广大。如徐爱[②]所言，“先生居夷三载，处困养静，精一之功固以超入圣域，粹然大中至正之归矣。”[③] 学人应以心之本体用于行事需真切之功，以除人欲之所蔽，离人欲之所累。“吾辈今日用功，只是要为善之心真切。此心真切，见善即迁，有过即改，方是真切工夫。如此则人欲日消，天理日明。若只管求光景，说效验，却是助长外驰病痛，不是工夫。”[④] 阳明先生万死一生，视名利为身躯之外的事物，惟忧世人日堕于禽兽而不自觉。“知之真切笃实处，即是行；行之明觉精察处，即是知，知行工夫本不可离。只为后世学者分作两截用功，失却知行本体，故有合一并进之说。”[⑤] 阳明学问用到政事便为政道，用到兵事便为兵道，并非完全是身心之学也。何况，政与武乃儒学之至精也。

阳明学问之所以有别，关键在于其中的知行合一，以行为要。王阳明认为，儒家乃身心之学，关键在于体悟力行，绝不可仅仅视为知

① 王守仁：《王阳明全集（第1卷）》，线装书局，2014年版，第224页。

② 徐爱，字曰仁，号横山，阳明先生的开山弟子和妹婿，被阳明先生誉为“吾之颜渊”。正德进士，历官至南京兵部员外郎、工部郎中，学无独树，然于弘扬王学，颇得其力，主张“学莫要于收放心，涵养、省察、克治是也”。备录守仁之语，纂《传习录》上篇，称其学问博大精深，不可穷尽，“断断乎百世以俟圣人而不惑者也”（《传习录上·序》），著有《徐横山文集》。

③ 王阳明著，张靖杰译注：《传习录》，江苏凤凰文艺出版社，2015年版，第4页。

④ 王阳明著，张靖杰译注：《传习录》，江苏凤凰文艺出版社，2015年版，第74页。

⑤ 王阳明著，张靖杰译注：《传习录》，江苏凤凰文艺出版社，2015年版，第115页。

识，议论于口耳之说听之中。王阳明以知行合一而倡内圣外王，以心性统领事功，以达“此心不动，随机而动”而无心物之分、内外之别、人我之间、与天地合德、同万物一体的境界。然则王夫之认为“以知为行，则以不行为行”。相似的是，王夫之也认为知与行是无法割裂的，知中有行，行中有知，尽管知行是有所不同的。然而王夫之反对离行而言知，因为知不能离行而存在，即“行先知后”“行可兼知，而知不可兼行”。在其看来，王阳明的“知行合一”观模糊或混淆了知和行的界限。在知和行这一矛盾统一体中，行是矛盾的主要方面，也是对立统一的基础。正是由于知行有所区别，因而知行才可相资互用，即“知行相资以为用，并进而有功”。

（三）致良知

阳明先生曰：“吾平生讲学，只是‘致良知’三字。”阳明先生的良知观既源于其“心即理”的思想本原，也是其知行合一的求道之本。“阳明学不同于朱子学，他的‘求道’方式是整体性的，简单易操作。王阳明提倡的‘良知’说是一个严格的生命体，它包含敏锐的道德感知，也包含道德批判，既有道德的好恶之情，也有道德的法则。”[①] 致良知者内心光明而已，以达中正平和的境界。孟子曰：“人之所不学而能者，其良能也；所不虑而知者，其良知也。孩提之童无不知爱其亲者，及其长也，无不知敬其兄也。亲亲，仁也；敬长，义也；无他，达之天下也。”（《孟子·尽心上》[②] 阳明先生回到孔孟，以孟子之良知将诸善、诸德归一，视仁、义等皆为良知之表德，将良知二字视为圣圣相传之要旨。不虑而知，不学而能，知是知非，戒慎恐惧，无间圣愚，古今相同谓之良知。良知本简易，只是人不肯致良知而已。因而千思万想，千知万行务必求得至善，以良知用于行事。

阳明亦得孔子之旨，尝曰：“良知作得主时，则一切致使莫非良知

① ［日］冈田武彦著，杨田等译：《王阳明大传》，重庆出版社，2014 年版，第 8 页。
② 杨伯峻：《孟子译注》，中华书局，2016 年版，第 340—341 页。

之发用，知识亦是良知也。”① 仁义礼智信、恻隐、羞恶、辞让、是非皆是表德，“心之发也，遇父便谓之教，遇君便谓之忠，自此以往，名至于无穷，只一性而已。犹人一而已：对父谓之子，对子谓之父，自此以往，至于无穷，只一人而已。人只要在性上用功，看得一性字分明，即万理灿然。”② 圣人以降诸人皆因私欲而蒙蔽，故格物以致其良知。阳明先生晚年吟诵《中秋》诗句言：“吾心自有光明月，千古团圆永无缺”，将光明视为良知之外发，将良知本体喻为明月。因而吕峥认为，“良知之心就是君子之心，渊默之心，临危不乱之心。君子的权术是高超实用的艺术，小人的权术是滑稽可笑的表演。怎样成为君子？拥有光明之心。如何拥有光明之心？深入思考，全面把握，说服自身，内心平静。”③

王阳明认为所谓的“格物致知”，不是朱熹所讲的格天下物，知天下理，而是格私欲，致良知。致良知须存养扩充，以除私意之障碍。培善去恶并非难去，而是未培未去也。念念不忘至善至理，使其常存心中，时时修养，然后遇事而扩充，除去病根。“知是心之本体，心自然会知；见父自然知孝，见兄自然知弟，见孺子入井自然知恻隐，此便是良知不假外求。”④ 初行时并不求事事物物讲求得尽，且事本有始，但如“初种根时，只管栽培灌溉，勿作枝想，勿作叶想，勿作花想，勿作实想。悬想何益！但不忘栽培之功，怕没有枝叶花实？”⑤ 阳明五十岁以后专弘“致良知”，慨叹“信得致良知三字，真圣门正法眼藏”。“自经宸濠、忠、泰之变，益信良知足矣忘患难，出生死，所谓考三王，建天地，质鬼神，俟后圣，无弗同者。”56 岁的时候，王阳明提出了有名的心学四句教：“无善无恶心之体，有善有恶意之动，知善知恶是良知，为善去恶是格物。”

---

① 熊十力：《体用论》，上海古籍出版社、上海书店出版社，2019 年版，第 223 页。
② 王阳明著，张靖杰译注：《传习录》，江苏凤凰文艺出版社，2015 年版，第 42 页。
③ 吕峥：《明朝一哥王阳明》，万卷出版公司，2010 年版，第 35 页。
④ 王阳明著，张靖杰译注：《传习录》，江苏凤凰文艺出版社，2015 年版，第 16 页。
⑤ 王阳明著，张靖杰译注：《传习录》，江苏凤凰文艺出版社，2015 年版，第 38 页。

知行合一之功正在于其致其本心之良知。“吾心之良知，即所为天理也。致吾心之良知于事事物物也，则事事物物皆得其理矣。致吾心之良知者，致知也。事事物物皆得其理者，格物也。是合心与理而为一者也。”[①] 然而阳明先生驳程朱理学，斥以仁义道德而沽名钓誉之徒而重内心本善时，往往使学人流于心道而忘忽反躬实践，致使后世学者疑其学问之中掺杂佛道之说而轻格物之论，却无视阳明先生体用一源之论，反而拘泥于阳明先生的观点，失去阳明先生良知之精神。熊十力谓之曰：“阳明之学以致良知为主，有《大学》致知之义可证，程朱后学群起而非之，其识太陋。然阳明反对格物，即排斥知识，则由其学杂老与禅，遂成此大错。后来王船山、顾亭林抨击阳明，虽不必妥当，然其救弊之意可取也。阳明倡良知说，其导引学人认识良知，曰：‘知善知恶是良知。’此其直捷、亲切，吾何间然。良知元是本心一点明几。此一点明几，卷之则退藏于密，将从何处指示，使人知所奉持乎？阳明特提示‘知善知恶是良知’，可谓一针见血。”[②] 实则阳明先生也并非有意否认致知在于格物。

总之，阳明先生主张“终日有为而心常无为”，由“心即理”到“知行合一”再到“致良知”，融儒释道三家而归宗儒家，以内圣外王为旨，将心性之学用以事功，以达“体用一源”之境界。“致良知之致字，具有无穷力量。致者，推广义。吾人虽固有良知，若不用力将他推广出来，俾其发展盛大，则私欲、私意等杂染，便潜滋暗长，而良知障蔽不得显矣。故不可无致之之功，如吾人有时知善之当为，而卒不果为。知善当为者，吾人之良知也。”[③] 吾辈当将存善去恶合一并进，涵养与识见并行而进，以良知一贯内外本末，问学求实。由此，外在的名利、荣辱不再遮蔽至善之心的本体，从而无所忧惧，不再患得患失，达到“此心不动，随机而动”的心力境界。

正是由于内心本善的强力及其支撑，遇事则执两用中。对于孟子

① 王阳明著，张靖杰译注：《传习录》，江苏凤凰文艺出版社，2015 年版，第 121 页。
② 熊十力：《体用论》，上海古籍出版社、上海书店出版社，2019 年版，第 225 页。
③ 熊十力：《原儒》，上海古籍出版社、上海书店出版社，2019 年版，第 246 页。

所言“执中无权犹执一”，阳明先生曰：“中只是天理，只是易，随时变易，如何执得？须因时制宜，难预先定一个规矩在。”① 由此观之，阳明先生强调因时制宜，执中而权变。“对于人心而言，权就是追求那微妙的恰到好处，像秤砣一样随被称之物的轻重而变动。找到那个不偏不倚的位置。”② 故学人亦不应拘泥于阳明先生之精妙语句，而应明心精一，执两用中，通权达变，从本心之道，内外合一，人我如一，达与天地合德、同万物一体的中正平和境界。尽管“心学是教会了很多人使用权术，但更重要的是，它教会了我们什么时候不用，这才是它之于这个历史悠久的泱泱大国最根本的意义”。③ 正如现代画家、散文家、漫画家、书法家丰子恺先生所言：不乱于心，不困于情，不畏将来，不念过往，如此，安好。勿感于时，勿伤于怀，勿耽美色，勿沉虚妄，从今，进取。无愧于天，无愧于地，勿怍于人，无惧于鬼，这样，人生！④ 今吾学人不可偏执良知一端，而弃事物之理于不顾。“我们照人生的全部讲，既需要道德，也需要知识。讲良知只是负责道德，良知不能实现科学呀！所以光讲良知，不讲其他，结果是王学的流弊，出狂禅”。⑤

二、选编评述

（一）原文选编

◎爱问：“‘知止而后有定’，朱子以为‘事事物物皆有定理’，似与先生之说相戾。”

先生曰：“于事事物物上求至善，却是义外也，至善是心之本体，

① 王阳明著，张靖杰译注：《传习录》，江苏凤凰文艺出版社，2015 年版，第 51 页。

② 吕峥：《明朝一哥王阳明》，万卷出版公司，2010 年版，第 3 页。

③ 吕峥：《明朝一哥王阳明》，万卷出版公司，2010 年版，第 181 页。

④ 丰子恺：《不宠无惊过一生》，《雷锋》，2019 年 8 月号，第 42 页。

⑤ 牟宗三：《周易哲学演讲录》，华东师范大学出版社，2004 年版，第 28 页。

只是‘明明德’至‘至精至一’处便是,然亦未尝离却事物,本注所谓‘尽夫天理之极,而无一毫人欲之私’者得之。”

爱问:“至善只求诸心,恐于天下事理有不能尽。”

先生曰:“心即理也。天下又有心外之事,心外之理乎?”

爱问:“如事父之孝,事君之忠,交友之信,治民之仁,其间有许多理在,恐亦不可不察。”

先生叹曰:“此说之蔽久矣,岂一语所能悟?今姑就所问者言之:且如事父,不成去父上求个孝的理;事君,不成去君上求个忠的理;交友治民,不成去友上、民上求个信与仁的理。都只在此心,心即理也。此心无私欲之蔽,即是天理,不须外面添一分。以此纯乎天理之心,发之事父便是孝,发之事君便是忠,发之交友治民便是信与仁。只在此心去人欲、存天理上用功便是。”

爱曰:“闻先生如此说,爱已觉有省悟处。但旧说缠于胸中,尚有未脱然者。如事父一事,其间温清定省之类有许多节目,不亦须讲求否?”

先生曰:“如何不讲求?只是有个头脑,只是就此心去人欲、存天理上讲求。就如讲求冬温,也只是要尽此心之孝,恐怕有一毫人欲间杂;讲求夏清,也只是要尽此心之孝,恐怕有一毫人欲间杂,只是讲求得此心。此心若无人欲,纯是天理,是个诚于孝亲的心,冬时自然思量父母的寒,便自要去求个温的道理;夏时自然思量父母的热,便自要去求个清的道理。这都是那诚孝的心发出来的条件。却是须有这诚孝的心,然后有条件发出来。譬之树木,这诚孝的心便是根,许多条件便是枝叶,须先有根然后有枝叶,不是先寻了枝叶然后去种根。《礼记》言:‘孝子之有深爱者,必有和气;有和气者,必有愉色;有愉色者,必有婉容。’须是有个深爱做根,便自然如此。”

爱因未会先生“知行合一”之训,与宗贤、惟贤往复辩论,未能决,以问于先生。

先生曰:“试举看。”

爱曰:“如今人尽有知得父当孝、兄当弟者,却不能孝、不能弟,便是知与行分明是两件。”

先生曰：“此已被私欲隔断，不是知行的本体了。未有知而不行者。知而不行，只是未知。圣贤教人知行，正是要复那本体，不是着你只恁的便罢。故《大学》指个真知行与人看，说‘如好好色，如恶恶臭’。见好色属知，好好色属行。只见那好色时已自好了，不是见了后又立个心去好。闻恶臭属知，恶恶臭属行。只闻那恶臭时已自恶了，不是闻了后别立个心去恶。如鼻塞人，虽见恶臭在前，鼻中不曾闻得，便亦不甚恶，亦只是不曾知臭。就如称某人知孝，某人知弟，必是其人已曾行孝行弟，方可称他知孝知弟，不成只是晓得说些孝弟的话，便可称为知孝弟。又如知痛，必已自痛了方知痛；知寒，必已自寒了；知饥，必已自饥了。知行如何分得开？此便是知行的本体，不曾有私意隔断的。圣人教人，必要是如此，方可谓之知，不然，只是不曾知。此却是何等紧切着实的工夫！如今苦苦定要说知行做两个，是甚么意？某要说做一个，是甚么意？若不知立言宗旨，只管说一个两个，亦有甚用？”

爱曰：“古人说知行做两个，亦是要人见个分晓，一行做知的功夫，一行做行的功夫，即功夫始有下落。”

先生曰：“此却失了古人宗旨也。某尝说知是行的主意，行是知的功夫；知是行之始，行是知之成。若会得时，只说一个知已自有行在；只说一个行，已自有知在。古人所以既说一个知又说一个行者，只为世间有一种人，懵懵懂懂地任意去做，全不解思惟省察，也只是个冥行妄作，所以必说个知，方才行得是；又有一种人，茫茫荡荡悬空去思索，全不肯着实躬行，也只是个揣摸影响，所以必说一个行，方才知得真。此是古人不得已补偏救弊的说话，若见得这个意时，即一言而足。今人却就将知行分作两件去做，以为必先知了，然后能行。我如今且去讲习讨论做知的工夫，待知得真了，方去做行的工夫，故遂终身不行，亦遂终身不知。此不是小病痛，其来已非一日矣。某今说个知行合一，正是对病的药。又不是某凿空杜撰，知行本体原是如此。今若知得宗旨时，即说两个亦不妨，亦只是一个；若不会宗旨，便说

一个，亦济得甚事？只是闲说话。”（《传习录·徐爱序》）[1]

◎来书云：“近时学者务外遗内，博而寡要。故先生特倡‘诚意’一义，针砭膏肓，诚大惠也。”

吾子洞见时弊如此矣，亦将何以救之乎？然则鄙人之心，吾子固已一句道尽，复何言哉！复何言哉！若“诚意”之说，自是圣门教人用功第一义。但近世学者乃作第二义看，故稍与提掇紧要出来，非鄙人所能特倡也。

来书云：“但恐立说太高，用功太捷，后生师传，影响谬误，未免坠于佛氏明心见性、定慧顿悟之机，无怪闻者见疑。”

区区“格、致、诚、正”之说，是就学者本心、日用事为间体究践履，实地用功，是多少次第、多少积累在，正与空虚顿悟之说相反。闻者本无求为圣人之志，又未尝讲究其详，遂以见疑，亦无足怪。若吾子之高明，自当一语之下便了然矣！乃亦谓“立说太高，用功太捷”，何邪？

来书云：“所喻知行并进，不宜分别前后，即《中庸》‘尊德性而道问学’之功，交养互发，内外本末一以贯之之道。然工夫次第不能无先后之差。如知食乃食，知汤乃饮，知衣乃服，知路乃行，未有不见是物，先有是事。此亦毫厘倏忽之间，非谓有等今日知之而明日乃行也。”

既云“交养互发，内外本末一以贯之”，则知行并进之说无复可疑矣。又云“工夫次第不能不无先后之差”，无乃自相矛盾已乎？“知食乃食”等说，此尤明白易见，但吾子为近闻障蔽，自不察耳。夫人必有欲食之心然后知食，欲食之心即是意，即是行之始矣。食味之美恶必待入口而后知，岂有不待入口而已先知食味之美恶者邪？必有欲行之心然后知路，欲行之心即是意，即是行之始矣。路岐之险夷必待身亲履历而后知，岂有不待身亲履历而已先知路岐之险夷者邪？“知汤乃

① 王守仁撰，王晓昕译注：《传习录译注》，中华书局，2018年版，第12—20页。

饮”、“知衣乃服”，以此例之，皆无可疑。若如吾子之喻，是乃所谓不见是物而先有是事者矣。吾子又谓“此亦毫厘倏忽之间，非谓截然有等今日知之而明日乃行也”，是亦察之尚有未精。然就如吾子之说，则知行之为合一并进，亦自断无可疑矣。

来书云：“真知即所以为行，不行不足谓之知，此为学者吃紧立教，俾务躬行则可。若真谓行即是知，恐其专求本心，遂遗物理，必有暗而不达之处。抑岂圣门知行并进之成法哉？”

知之真切笃实处，即是行；行之明觉精察处，即是知，知行工夫本不可离。只为后世学者分作两截用功，先却知行本体，故有合一并进之说。“真知即所以为行，不行不足谓之知”，即如来说所云“知食乃食”等说可见，前已略言之矣。此虽吃紧救弊而发，然知行之体本来如是，非以己意抑扬其间，姑为是说以苟一时之效者也。“专求本心，遂遗物理”，此盖失其本心者也。夫物理不外于吾心，外吾心而求物理，无物理矣；遗物理而求吾心，吾心又何物邪？心之体，性也，性即理也。故有孝亲之心，即有孝之理；无孝亲之心，即无孝之理矣。有忠君之心，即有忠之理；无忠君之心，即无忠之理矣。理岂外于吾心邪？晦庵谓：“人之所以为学者，心与理而已。心虽主乎一身，而实管乎天下之理；理虽散在万事，而实不外乎一人之心。”是其一分一合之间，而未免已启学者心理为二之弊。此后世所以有专求本心、遂遗物理之患，正由不知心即理耳。夫外心以求物理，是以有暗而不达之处；此告子“义外”之说，孟子所以谓之不知义也。心一而已，以其全体恻怛而言谓之仁，以其得宜而言谓之义，以其条理而言谓之理。不可外心以求仁，不可外心以求义，独可外心以求理乎？外心以求理，此知行之所以二也。求理于吾心，此圣门知行合一之教，吾子又何疑乎？

来书云：“所释《大学》古本，谓致其本体之知，此固孟子尽心之旨。朱子亦以虚灵知觉为此心之量。然尽心由于知性，致知在于格物。”

“尽心由于知性，致知在于格物”，此语然矣。然而推本吾子之意，则其所以为是语者，尚有未明也。朱子以尽心、知性、知天为物格知致，以存心、养性、事天为诚意、正心、修身，以夭寿不贰、修身以俟为知至仁尽、圣人之事。若鄙人之见，则与朱子正相反矣。夫尽心、知性、知天者，生知安行，圣人之事也；存心、养性、事天者，学知利行，贤人之事也；夭寿不贰、修身以俟者，困知勉行，学者之事也。岂可专以尽心、知性为知，存心、养性为行乎？吾子骤闻此言，必又以为大骇矣。然其间实无可疑者，一为吾子言之。

夫心之体，性也；性之原，天也。能尽其心，是能尽其性矣。《中庸》云"惟天下至诚为能尽其性"，又云"知天地之化育"、"质诸鬼神而无疑"。知天也，此惟圣人而后能然，故曰"此生知安行，圣人之事也"。存其心者，未能尽其心者也，故须加存之之功；必存之既久，不待于存而自无不存，然后可以进而言尽。盖"知天"之"知"，如"知州"、"知县"之"知"。知州则一州之事皆己事也，知县则一县之事皆己事也，是与天为一者也；事天则如子之事父，臣之事君，犹与天为二也。天之所以命于我者，心也，性也，吾但存之而不敢失，养之而不敢害，如"父母全而生之，子全而归之"者也。故曰"此学知利行，贤人之事也"。至于"夭寿不贰"，则与存其心者又有间矣。存其心者虽未能尽其心，固已一心于为善，时有不存，则存之而已；今使之夭寿不贰，是犹以夭寿贰其心者也。犹以夭寿贰其心，是其为善之心犹未能一也。存之尚有所未可，而何尽之可云乎？今且使之不以殀寿贰其为善之心，若曰死生夭寿皆有定命，吾但一心于为善，修吾之身，以俟天命而已，是其平日尚未知有天命也。事天虽与天为二，然已真知天命之所在，但惟恭敬奉承之而已耳；若俟之云者，则尚未能真知天命之所在，犹有所俟者也，故曰所以立命。"立"者"创立"之"立"，如"立德"、"立言"、"立功"、"立名"之类。凡言"立"者，皆是昔未尝有而本始建立之谓，孔子所谓"不知命，无以为君子"者也，故曰"此困知勉行，学者之事也"。今以尽心、知性、知天为格物致知，使初学之士尚未能不贰其心者，而遽责之以圣人生知安行之事，如捕风捉影，茫然莫知所措其心，几何而不至于"率天下而路"

也！今世致知格物之弊，亦居然可见矣。吾子所谓“务外遗内、博而寡要”者，无乃亦是过欤？此学问最紧要处，于此而差，将无往而不差矣！此鄙人之所以冒天下之非笑，忘其身之陷于罪戮，呶呶其言，其不容已者也。

来书云：“闻语学者，乃谓即物穷理之说亦是玩物丧志；又取其‘厌繁就约’‘涵养本原’数说，标示学者，指为晚年定论，此亦恐非。”

朱子所谓“格物”云者，在即物而穷其理也。即物穷理，是就事事物物上求其所谓定理者也。是以吾心而求理于事事物物之中，析“心”与“理”为二矣。夫求理于事事物物者，如求孝之理于其亲之谓也。求孝之理于其亲，则孝之理其果在于吾之心邪？抑果在于亲之身邪？假而果在于亲之身，则亲没之后，吾心遂无孝之理欤？见孺子之入井，必有恻隐之理，是恻隐之理果在于孺子之身欤？抑在于吾心之良知欤？其或不可以从之于井欤？其或可以手而援之欤？是皆所谓理也，是果在于孺子之身欤？抑果出于吾心之良知欤？以是例之，万事万物之理，莫不皆然。是可以知析心与理为二之非矣。夫析心与理而为二，此告于“义外”之说，孟子之所深辟也。务外遗内，博而寡要，吾子既已知之矣。是果何谓而然哉？谓之玩物丧志，尚犹以为不可欤？若鄙人所谓致知格物者，致吾心之良知于事事物物也。吾心之良知，即所谓天理也。致吾心良知之天理于事事物物，则事事物物皆得其理矣。致吾心之良知者，致知也。事事物物皆得其理者，格物也。是合心与理而为一者也。合心与理而为一，则凡区区前之所云，与朱子晚年之论，皆可以不言而喻矣！

来书云：“人之心体本无不明，而气拘物蔽，鲜有不昏，非学问思辨以明天下之理，则善恶之机，真妄之辨，不能自觉；任情恣意，其害有不可胜言者矣。”

此段大略似是而非，盖承沿旧说之弊，不可以不辨也。夫学、问、思、辨、行，皆所以为学，未有学而不行者也。如言学孝，则必服劳奉养，躬行孝道，然后谓之学，岂徒悬空口耳讲说，而遂可以谓之学孝乎？学射则必张弓挟矢，引满中的；学书则必伸纸执笔，操觚染翰。尽天下之学，无有不行而可以言学者，则学之始固已即是行矣。笃者，敦实笃厚之意，已行矣，而敦笃其行，不息其功之谓尔。盖学之不能以无疑，则有问，问即学也，即行也；又不能无疑，则有思，思即学也，即行也；又不能无疑，则有辨，辨即学也，即行也。辨既明矣，思既慎矣，问既审矣，学既能矣，又从而不息其功焉，斯之谓笃行。非谓学、问、思、辨之后而始措之于行也。是故以求能其事而言谓之学，以求解其惑而言谓之问，以求通其说而言谓之思，以求精其察而言谓之辨，以求履其实而言谓之行。盖析其功而言则有五，合其事而言则一而已。此区区心理合一之体，知行并进之功，所以异于后世之说者，正在于是。

今吾子特举学、问、思、辨以穷天下之理，而不及笃行，是专以学、问、思、辨为知，而谓穷理为无行也已。天下岂有不行而学者邪？岂有不行而遂可谓之穷理者邪？明道云："只穷理，便尽性至命。"故必仁极仁，而后谓之能穷仁之理；义极义，而后谓之能穷义之理。仁极仁则尽仁之性矣，义极义则尽义之性矣。学至于穷理，至矣，而尚未措之于行，天下宁有是邪？是故知不行之不可以为学，则知不行之不可以为穷理矣；知不行之不可以为穷理，则知知行之合一并进，而不可以分为两节事矣。

夫万事万物之理不外于吾心，而必曰穷天下之理，是殆以吾心之良知为未足，而必外求于天下之广，以裨补增益之，是犹析心与理而为二也。夫学、问、思、辨、笃行之功，虽其困勉，至于人一己百，而扩充之极，至于尽性知天，亦不过致吾心之良知而已。良知之外，岂复有加于毫末乎？今必曰穷天下之理，而不知反求诸其心，则凡所谓善恶之机、真妄之辨者，舍吾心之良知，亦将何所致其体察乎？吾子所谓"气拘物蔽"者，拘此蔽此而已。今欲去此之蔽，不知致力于此，而欲以外求，是犹目之不明者，不务服药调理以治其目，而徒伥伥然求明于其外，明岂可以自外而得哉！任情恣意之害，亦以不能精察天理于此心之良知而已。此诚毫厘千里之谬者，不容于不辨，吾子毋谓其论之太刻也。

来书云："教人以致知明德，而戒其即物穷理，诚使昏暗之士深居端坐，不闻教告，遂能至于知致而德明乎？纵令静而有觉，稍悟本性，则亦定慧无用之见，果能知古今，达事变，而致用于天下国家之实否乎？其曰'知者意之体，物者意之用'格物如'格君心之非'之'格'，语虽超悟独得，不踵陈见，抑恐于道未相吻合。"

区区论致知格物，正所以穷理，未尝戒人穷理，使之深居端坐而一无所事也。若谓即物穷理，如前所云"务外而遗内"者，则有所不可耳。昏暗之士，果能随事随物精察此心之天理，以致其本然之良知，则虽愚必明，虽柔必强大本立而达道行，九经之属可一以贯之而无遗矣。尚何患其无致用之实乎？彼顽空虚静之徒，正惟不能随事随物精察此心之天理，以致其本然之良知，而遗弃伦理，寂灭虚无以为常，是以要之不可以治家国天下。孰谓圣人穷理尽性之学而亦有是弊哉？

心者身之主也，而心之虚灵明觉，即所谓本然之良知也。其虚灵明觉之良知，应感而动者谓之意，有知而后有意，无知则无意矣。知非意之体乎？意之所用，必有其物，物即事也。如意用于事亲，既事亲为一物；意用于治民，即治民为一物；意用于读书，即读书为一物；意用于听讼，即听讼为一物：凡意之所用，无有无物者，有是意即有是物，无是意即无是物矣。物非意之用乎？

"格"字之义，有以"至"字之训者，如"格于文祖"、"有苗来格"，是以"至"训得也。然格于文祖，必纯孝诚敬，幽明之间，无一不得其理，而后谓之格；有苗之顽，实以文德诞敷而后格，则亦兼有"正"字之义在其间，未可专以"至"字尽之也。如"格其非心"、"大臣格君心之非"之类，是则一皆正其不正以归于正之义，而不可以"至"字为训矣。且《大学》格物之训，又安知其不以"正"字为训，而必以"至"字为义乎？如以"至"字为义者，必曰穷至事物之理，而后其说始通。是其用功之要全在一"穷"字，用力之地全在一"理"字也。若上去一"穷"，下去一"理"字，而直曰"致知在至物”，其可通乎？夫穷理尽性，圣人之成训，见于《系辞》者也。苟格物之说而果即穷理之义，则圣人何不直曰“致知在穷理”，而必为此转折不完之语，以启后世之弊邪？

盖《大学》格物之说，自与《系辞》穷理大旨虽同，而微有分辨。穷理者，兼格致诚正而为功也；故言穷理则格致诚正之功皆在其中，言格物则必兼举致知、诚意、正心，而后其功始备而密。今偏举格物而遂谓之穷理，此所以专以穷理属知，而谓格物未常有行，非惟不得格物之旨，并穷理之义而失之矣。此后世之学所以析知行为先后两截，日以支离决裂，而圣学益以残晦者，其端实始于此。吾子盖亦未免承沿积习，则见以为于道未相吻合，不为过矣。

来书云：“谓致知之功将如何为温凊？如何为奉养即是诚意，非别有所谓格物，此亦恐非。”

此乃吾子自以己意揣度鄙见而为是说，非鄙人之所以告吾子者矣。若果如吾子之言，宁复有可通乎？盖鄙人之见，则谓意欲温凊、意欲奉养者，所谓意也，而未可谓之诚意。必实行其温凊奉养之意，务求自慊而无自欺，然后谓之诚意。知如何而为温凊之节，知如何而为奉养之宜者，所谓知也，而未可谓之致知。必致其知如何为温凊之节者之知，而实以之温凊，致其知如何为奉养之宜者之知，而实以之奉养，然后谓之致知。温凊之事，奉养之事，所谓物也，而未可谓之格物。必其于温凊之事也，一如其良知之所知，当如何为温凊之节者而为之，无一毫之不尽；于奉养之事也，一如其良知之所知，当如何为奉养之宜者而为之，无一毫之不尽，然后谓之格物。

温凊之物格，然后知温凊之良知始致；奉养之物格，然后知奉养之良知始致，故曰“物格而后知至”。致其知温凊之良知，而后温凊之意始诚；致其知奉养之良知，而后奉养之意始诚；故曰“知至而后意诚”。此区区诚意、致知、格物之说盖如此。吾子更熟思之，将亦无可疑者矣。

来书云：“道之大端易于明白，所谓良知良能，愚夫愚妇可与及者。至于节目时变之详，毫厘千里之谬，必待学而后知。今语孝于温清定省，孰不知之？至于舜之不告而娶，武之不葬而兴师，养志养口，小杖大杖，割股庐墓等事，处常处变，过与不及之间，必须讨论是非，以为制事之本，然后心体无蔽，临事无失。”

“道之大端易于明白”，此语诚然。顾后之学者，忽其易于明白者而弗由，而求其难于明白者以为学，此其所以“道在迩而求诸远，事在易而求诸难”也。孟子云：“夫道若大路然，岂难知哉？人病不由耳！”良知良能，愚夫愚妇与圣人同。但惟圣人能致其良知，而愚夫愚妇不能致，此圣愚之所由分也。节目时变，圣人夫岂不知？但不专以此为学。而其所谓学者，正惟致其真知，以精察此心之天理，而与后世之学不同耳。吾子未暇良知之致，而汲汲焉顾是之忧，此正求其难于明白者以为学之蔽也。夫良知之于节目时变，犹规矩尺度之于方圆长短也。节目时变之不可预定，犹方圆长短之不可胜穷也。故规矩诚立，则不可欺以方圆，而天下之方圆不可胜用矣；尺度诚陈，则不可欺以长短，而天下之长短不可胜用矣；良知诚致，则不可欺以节目时变，而天下之节目时变不可胜应矣。毫厘千里之缪，不于吾心良知一念之微而察之，亦将何所用其学乎？是不以规矩而欲定天下之方圆，不以尺度而欲尽天下之长短，吾见其乖张谬戾，日劳而无成也已。

吾子谓：“语孝于温清定省，孰不知之？”然而能致其知者鲜矣。若谓粗知温清定省之仪节，而遂谓之能致其知，则凡知君之当仁者皆可谓之能致其仁之知，知臣之当忠者皆可谓之能致其忠之知，则天下孰非致知者邪？以是而言，可以知致知之必在于行，而不行之不可以为致知也明矣。知行合一之体，不益较然矣乎？夫舜之不告而娶，岂舜之前已有不告而娶者为之准则，故舜得以考之何典，问诸何人，而为此邪？抑亦求诸其心，念之良知，权轻重之宜，不得已而为此邪？武之不葬而兴师，岂武之前已有不葬而兴师者为之准则，故武得以考之何典、问诸何人，而为此邪？抑亦求诸其心一念之良知，权轻重之宜，不得已而为此邪？使舜之心而非诚为无后，武之心而非诚于为救民，则其不告而娶与不葬而兴师，乃不孝不忠之大者。而后之人不务致其良知，以精察义理于此心感应酬酢之间，顾欲悬空讨论此等变常之事，执之以为制事之本，以求临事之无失，其亦远矣！其余数端，皆可类推，则古人致知之学，从可知矣。

来书云："谓《大学》格物之说专求本心，犹可牵合，至于《六经》《四书》所载'多闻多见''前言往行''好古敏求''博学审问''温故知新''博学详说''好问好察'，是皆明白求于事为之际、资于论说之间者，用功节目固不容紊矣。"

格物之义，前已详悉；牵合之疑，想已不俟复解矣。至于多闻多见，乃孔子因子张之务外好高，徒欲以多闻多见为学，而不能求诸其心，以阙疑殆，此其言行所以不免于尤悔，而所谓见闻者，适以资其务外好高而已。盖所以救子张多闻多见之病，而非以是教之为学也。夫子尝曰："盖有不知而作之者，我无是也"，是犹孟子"是非之心，人皆有之"之义也。此言正所以明德性之良知非由于闻见耳。若曰"多闻，择其善者而从之，多见而识之"，则是专求诸见闻之末，而已落在第二义矣，故曰"知之次也"。夫以见闻之知为次，则所谓知之上者果安所指乎？是可以窥圣门致知用力之地矣。夫子谓子贡曰："赐也，汝以予为多学而识之者欤？非也，予一以贯之。"使诚在于多学而识，则夫子胡乃谬为是说以欺子贡者邪？"一以贯之"，非致其良知而何？《易》曰："君子多识前言往行，以畜其德。"夫以畜其德为心，则凡多识前言往行者，孰非畜德之事？此正知行合一之功矣。

"好古敏求"者，好古人之学而敏求此心之理耳。心即理也。学者，学此心也；求者，求此心也。孟子云："学问之道无他，求其放心而已矣。"非若后世广记博诵古人之言词，以为好古，而汲汲然惟以求功名利达之具于外者也。"博学审问"，前言已尽。"温故知新"，朱子亦以温故属之尊德性矣。德性岂可以外求哉？惟夫知新必由于温故，而温故乃所以知新，则亦可以验知行之非两节矣。"博学而详说之"者，将以反说约也。若无反约之云，则博学详说者果何事邪？舜之"好问好察"，惟以用中而致其精一于道心耳。道心者，良知之谓也。君子之学，何尝离去事为而废论说？但其从事于事为论说者，要皆知行合一之功，正所以致其本心之良知；而非若世之徒事口耳谈说以为

知者，分知行为两事，而果有节目先后之可言也。(《传习录·答顾东桥书》)①

（二）简述短评

心外无物，心外无事，心外无理，心外无义，心外无善。良知是是非之心，不虑而知，不学而能。良知存在人心之中，并不因贤愚、古今而有别。事物的善恶皆根源于人的好恶。天下芸芸众生存养良知之心，皆可成为良知。阳明心学是知行合一的践履之学而非文辞章句之学，是身心履行之学，要领在于体认实行，切不可停留在口耳相传上。良知之本心唯有经由实践才能深切体认、明觉良知。无限风光在险峰，然而只有亲自身处险峰才能感受到险峰的无限风光。良知固然自知，本存，然后险恶之人受役于私欲，只是不能不肯致良知而已。切实笃定的知就是行，知而不行只是未知；本然明觉的行就是知，良知动念本是行。致良知关键在于专一良知之功夫而非舍心逐物，将良知融入为人做事的言行之中，济人利物。阳明先生的贡献在于以良知等同仁心，在其《咏良知》中言“无声无臭独知时，此是乾坤万有基”。

三、经史参照

阳明知行合一

知行观不仅是中国传统哲学与文化精神的基本概念和范畴，也是阳明先生思想与实践的主题和命题。王阳明名守仁，字伯安，祖籍浙江余姚，自号阳明子，故学者称其为阳明先生。阳明先生龙场悟道，既是自身的觉醒，也是中国文明的觉醒和转变。阳明先生诚救程朱理

---

① 王守仁撰，王晓昕译注：《传习录译注》，中华书局，2018年版，第193—227页。

学迂腐之弊，诚正士人名利暮气之心，诚矫官吏怠政懈事之实，诚卫明朝道学政的一统。阳明先生自言："今天下波颓风靡，为日已久，何异于病革临绝之时，然又人是己见，莫肯相下求正。故居今之世，非友豪杰独立之士的见性分之不容已，毅然以圣贤之道自任者，莫之从而求师也。"① 明朝是个充满偏执之心、逐利之心的时代，是个满口仁义、实行私利的时代，是个纲纪凌乱、宦官乱政的时代，是个士风败坏、官民困穷的时代。"今夫天下之不治，由于士风之衰薄，而士风之衰薄，由于学术之不明。"② 对此，梁启超认为，"明朝以八股取士，一般士子，除了永乐皇帝钦定的《性理大全》外，几乎一书不读。学术界本身，本来就像贫血症的人，衰弱得可怜。"③ 也可从阳明先生的《陈言边务疏》奏疏中可见一斑，即"臣愚以为今之大患，在于为大臣者外托慎重老成之名，而内为固禄希宠之计；为左右者内挟交蟠蔽壅之资，而外肆招权纳贿之恶。习以成俗，互相为奸。忧世者，谓之迂狂；进言者，目以浮躁；沮抑正大刚直之气，而养成怯懦因循之风。故其衰耗颓塌，将至于不可支持而不自觉"。④

阳明先生诚省天人之殊，广新德业，"明学术，变士风，以成天下治"，⑤ 毫不避世，以体用不二、心物一元的生活态度诚心为圣、为国、为民，力戒空谈，诚为事功，持视人如己的至仁至诚之心，抱正人正己的博大胸怀，尽管也诱杀过池仲容。少时阳明先生就有诚心成圣的梦想，并不认为读书等第为第一等事，反而立志成圣，读书学圣贤。若无志，则无处至诚至正地下功夫。阳明学问"是一门炼心的学问，不在正心上下力，不在立志上用功，只贪求权术，违背圣人之道，永远不可能达到随心所欲、运用自如的最高境界"。⑥ 阳明先生一生就是追寻良知、悟道成圣的心路历程。然而他并非决意成为章句之儒，

① 王守仁：《王阳明全集（第 3 卷）》，线装书局，2014 年版，第 123 页。
② 王守仁：《王阳明全集（第 3 卷）》，线装书局，2014 年版，第 156 页。
③ 梁启超：《中国近三百年学术史》，商务印书馆，2011 年版，第 3 页。
④ 王守仁：《王阳明全集（第 2 卷）》，线装书局，2014 年版，第 3 页。
⑤ 王守仁：《王阳明全集（第 3 卷）》，线装书局，2014 年版，第 156 页。
⑥ 吕峥：《明朝一哥王阳明》，万卷出版公司，2010 年版，第 28—29 页。

13 岁时曾单枪匹马到居庸关，考察一个多月，凭吊古战场，思考御边策，后以心学制敌。后来阳明先生曾评论《司马法》，“先之以教民，至誓师用兵之时，犹必以礼与法相表里，文与武相左右”，实有儒圣仁义王道之道统。

受年长于己 50 岁的娄一斋之教诲，年方 18 岁的阳明知“圣人必可学而至”，自此成圣之志弥坚。阳明七日格竹，可见其志之笃定。“对于王守仁，考进士做大官只是世俗要求下的职业，尽人事，听天命就行了。探索成圣的道路，参悟人世的哲理才是他为之奋斗一生的事业。”① 当阳明先生在弘治六年的会试中落榜时，不受外物所役的王阳明言称：“世以不得第为耻，吾以不得第动心为耻。”② 明武宗正德元年（1506 年）冬，宦官刘瑾擅政，并逮捕南京给事中御史戴铣等二十余人。王守仁上疏论救，因去权奸而入诏狱，贬谪龙场，亡命天涯受宦官刘瑾的恐吓，诱惑无改其正守良知之心。据说，一位道士当时为王阳明占卜，得“明夷卦”，言“君子利艰贞，晦可明”。王阳明受其激励，力求在艰难险阻中扩充自己，以《泛海》舒展心中浩气，自尊而无畏，即“险夷原不滞胸中，何异浮云过太空。夜静海涛三万里，明月飞锡下天风”。③

据传刘瑾仍不舍弃，打算派人到贵州龙场谋害阳明先生，然此刻阳明先生泰然自若，直面生死。吕峥揣测阳明当时的心态：“真正有知识的人，通晓了宇宙的真相，明白了事物之发生为必然，则遇事不动情感，不为所缚。正如飘风坠瓦，击一小儿与一成人之头，小儿必愤怒而恨此瓦，成人则不动情感，因此所受之痛苦亦轻。”④ 阳明先生龙场潜心研究《易经》、程朱理学等，顿悟圣人之道，即“吾性自足，向之求理于事物者误也”，⑤ 无需外求，只需存心养性，不断扩充。万

---

① 吕峥：《明朝一哥王阳明》，万卷出版公司，2010 年版，第 25 页。
② 王守仁：《王阳明全集（第 4 卷）》，线装书局，2014 年版，第 6 页。
③ 王守仁：《王阳明全集（第 3 卷）》，线装书局，2014 年版，第 23 页。
④ 吕峥：《明朝一哥王阳明》，万卷出版公司，2010 年版，第 67 页。
⑤ 王守仁：《王阳明全集（第 4 卷）》，线装书局，2014 年版，第 10 页。

事万物变动不居，然而都根源于心，是是非非尽在自己的良知中。阳明先生言称朱熹谓"'心虽主乎一身，而实管乎天下之理；理虽散在万事，而实不外乎一人之心'，是其一分一合之间，而未免已启学者心、理为二之弊。……外心以求理，此知行之所以二也。求理于吾心，此圣门知行合一之教，吾子又何疑乎？"[①] 阳明先生悟道"心即理"而达圣境后，37岁时直抒己见，不再拘泥圣贤言说，凭借自己所默记的《五经》而加以注解，集成《五经臆说》，但遗憾的是该著作并未传世，直到阳明先生去世后才从废稿中发现了13条注解。

初来龙场时，王阳明遇见遭到丈夫抛弃的夫人而作《去妇叹》，饱含悲天悯人之心，近临别龙场时为京师吏目仆子三人丧失书写挽歌，更显心物一体、万物一体的浩然胸襟，即"连峰际天兮，飞鸟不通。游子怀乡兮，莫知系东。莫知西东兮，维天则同。异域殊方兮，环海之中。达观随寓兮，奚必予宫。魂兮魂兮，无悲以恫"。[②] 清朝人吴楚才、吴调侯编著的《古文观止》总共收了不过两百二十二篇古文，这些文章公认代表了古代文言文的最高水平。明朝两百七十六年历史，共有十二人入选，文坛领袖、文坛奇才如宋濂、刘伯温、方孝孺、归有光等最多不过只有两篇入选，而王阳明独一无二，三篇入选，其中最有名的就是这篇《瘗旅文》。

龙场悟道后，阳明先生坚不可摧，不为外物外力所撼动，始终坚守、专精济人利物的圣贤之道，而非沉迷于文辞章句，从而由道返术。"你可知学问除了专业的知识，更有为人处世之道，涵养心性之道，知进知退之道？工作不能与'道'结合起来，终究只能流于平庸，人生也将毫无意义。"[③] 阳明先生诚于求道，以辞藻为虚，让圣回到了生活，而不是高高在上，遥不可及，处在身心之外，而是内在于人的内心之中，只是有待于发而扩充之。阳明先生以无往不利的入世心态在风风雨雨中披荆斩棘，乘风破浪，直挂云帆，临终遗言"此心光明，

① 王阳明：《传习录》，江苏凤凰文艺出版社，2015年版，第116页。
② 吴楚材等编：《古文观止》，中华书局，2018年版，第298页。
③ 吕峥：《明朝一哥王阳明》，万卷出版公司，2010年版，第110页。

亦复何言”，圆满修成圣果。

阳明先生并非停留在成己成圣上，而是秉持知行合一，由内圣而外王，为国为民做事，以圣贤之道传道授业，经世致用。当徐爱、蔡宗衮、朱节余姚三子拜阳明先生为师后，阳明先生在《别三子序》中痛感程朱大儒之后师道尽失，圣学几于亡，希期三子师友于天下，以深潜、明敏、温恭而力行，从而“深潜刚克，高明柔克”。对此八字，曾巩曾经解释为：“人之为德，高亢明爽者，本于刚，而柔有不足也，故齐之以柔克，所以救其偏；沉深潜晦者，本于柔，而刚有不足也，故济之以刚克，所以救其偏。”① 正德三年（1508年）秋，阳明先生在贬地龙冈山阳明洞创办龙岗书院，聚徒讲学，以立志、勤学、改过、责善要求学生，建何陋轩，撰写《何陋轩记》，渐渐悟道成圣。阳明先生其中写道：“夷之民，方若未琢之璞，未绳之木，虽粗粝顽梗，而椎斧尚有施也，安可以陋之？……诚有君子而居焉，其化之也盖易。”② 后阳明先生在京城大兴隆寺、滁州、赣州等所到之处讲学传道，修己以安人，以亲民之志造福百姓，不受私欲之遮蔽，安民于江西吉安府庐陵县，以一年半的时间平定为患数十年的南赣之乱，夜悟“破山中贼易，破心中贼难”，以教风化南赣百姓，平叛宁王朱宸濠。

在朱熹看来，《大学》之道在于明明德，在于新民，弃旧图新；然而阳明先生认为《大学》之道在于明明德，在于亲民，造福百姓。朱熹主张修己而后安百姓；阳明先生则认为修己安民并行不悖。“阳明安定西南功绩赫然，不格物而能之乎？阳明说《大学》之格物有曰：‘致吾心之天理于事事物物，是格物。’富哉斯言！深远哉斯言！夫惟心无私欲、私意之累，而为纯乎天理之心。”③ 阳明先生之正心就在于其以良知行事，决然并非专注心之本体而不顾心之物用。如熊十力所言：“吾惑乎程、朱后学诋阳明单提良知二字，而忽视格物也。夫阳明固彰然谓心无自相，以天地万物感人之相为其自相，则心不可绝物而

① 吕峥：《明朝一哥王阳明》，万卷出版公司，2010年版，第79页。

② 王守仁：《王阳明全集（第3卷）》，线装书局，2014年版，第163页。

③ 熊十力：《原儒》，上海古籍出版社、上海书店出版社，2019年版，第246页。

溺于寂静，更不可离物而驰空想或幻想。”①

阳明先生以执中权变而达到至诚至正的良知光明、心物一体境界。“王阳明跟普通人的不同之处就在于，他总能全面地把握事物的两面性，在自己偏激的时候立刻将心态调整到中间状态。比如他对仕途偃蹇感到郁闷时，马上又说：‘天下之事，其之不难，则其失之必易，其积之不久，则其发之必不宏。’”② 阳明先生力求平衡内心与外物，智慧而巧妙地化解心物、礼法、情理之间的张力和矛盾。郭沫若将阳明先生视为唯心论者，但是其知行合一观是侧重实践的，因而与其唯心论的世界观是个不能调和的矛盾。“近人辄以良知学说为唯心之论，此甚错误。西学唯心论者，只承认心是惟一实在，中学以心物为本体流行之两方面，彼此绝无相似处，不待论矣。”③

① 熊十力：《原儒》，上海古籍出版社、上海书店出版社，2019 年版，第 245 页。
② 吕峥：《明朝一哥王阳明》，万卷出版公司，2010 年版，第 33—34 页。
③ 熊十力：《原儒》，上海古籍出版社、上海书店出版社，2019 年版，第 244 页。